W0175778

alles außer Tiernahrung | Neue politische Gedichte

alles außer Tiernahrung

Neue politische Gedichte

Herausgegeben von Tom Schulz
und mit einem Nachwort versehen
von Theresa Klesper

Rotbuch Verlag

ISBN 978-3-86789-079-3

1. Auflage
© 2009 by Rotbuch Verlag, Berlin
Umschlaggestaltung, Layout und Herstellung von
Studierenden der Hochschule der Medien, Stuttgart
Seminarleitung: Hans-Heinrich Ruta
Umschlaggestaltung: Simon Methner
Layout & Typographie: Simon Methner
Gesetzt in der FF Eureka
Druck und Bindung: CPI Moravia Books GmbH

Ein Verlagsverzeichnis schicken wir Ihnen gern:
    Rotbuch Verlag GmbH
    Neue Grünstraße 18
    10179 Berlin
    Telefon: 0 18 05 / 30 99 99
(0,14 € / Min. aus dem deutschen Festnetz,
abweichende Preise für Mobilfunkteilnehmer)

www.rotbuch.de

Ich glaube, dass die Aufgabe der Kunst im Wesentlichen
Verbesserung ist. Das Ziel des Meditierens über die Welt ist es
letztlich, die Welt zu ändern. Es ist dieser Verbesserungsaspekt
der Literatur, der ihr die ethische Dimension gibt.

Donald Barthelme

Vorwort des Herausgebers

Tom Schulz ▎ **Warum politische Gedichte?**

Im deutschen Sprachraum wird seit einiger Zeit gern kolportiert, die politische Lyrik sei tot. Doch in Wirklichkeit nimmt das politische Gedicht am Anfang des 21. Jahrhunderts wieder einen größeren Raum ein.

Das liegt an der immerwährenden Aktualität kritischer Dichtung – erst recht in einer Zeit, in der die *Weltrisikogesellschaft* Kurs aufgenommen hat, ihre Endprozesse zu beschleunigen. In einer Zeit, in der die Finanzkonstrukte in ein solches Wanken geraten sind, dass man den schiefen Turm der transnationalen Wirtschaften kippen sieht, ins Bodenlose.

Dazwischen der Mensch eine Ware? Eine verhandelbare Größe auf den Datenautobahnen, *keep racing*, zwischen Kaufländern, jener räuberischen globalen Versandapotheke, und den Domizilen ewigen Wartens auf eine solidarische *einzige Welt?*

Wir sehen die Individuen in *Menschjacken*, schafkopfend auf der Parkhausbank mit Väterchen Staat. Leben als sozialer Absturzladen. Das Meer der Arbeitslosen brandet, sie sind Teilzeitempfänger des Frohsinns, der aus der medialen Dose schallt. Der Jingle der Verblödungsindustrien läuft und läuft und läuft ... Bei Brecht hieß es noch: *Verändere die Welt, sie braucht es.* In die Gegenwart übersetzt, klingt das in Anbetracht der Stagnation revolutionärer Bewegungen: *Lass es, sie braucht es nicht.*

So nimmt es nicht wunder, dass sich gerade jüngere Lyrikerinnen und Lyriker in den letzten Jahren verstärkt solchen Themen wie Globalisierung, Gender, Entmenschlichung der Arbeitsprozesse, Armut sowie Ausbeutung der Dritten Welt angenommen haben. Diesen und anderen Themen, die mitunter aus der eigenen Biografie resultieren wie der Suche nach Heimat und Identität, beides erkennbar als Verlusterfahrung. Als ein neuralgischer Punkt erscheint die deutsche Geschichte: ein in den Texten evoziertes Körpergedächtnis ruft Orte und Zeitenwenden hervor, Umbrüche und den Status quo zweier Deutschlands.

Zur Auswahl: Auf die Versammlung eines kanonisch abgesicherten Textbestandes habe ich verzichtet, ebenso auf Autorinnen und Autoren, die vor Anfang der 60er-Jahre geboren sind. Dies hätte zum einen den gegebenen Rahmen gesprengt und zum anderen in eine bereits zu stark vom Literaturbetrieb vorbestimmte Richtung geführt. Das Durchschnittsalter der hier versammelten Dichterinnen und Dichter liegt bei Ende Dreißig, daher per se von einem Buch Junger Lyrik zu sprechen wäre ein Euphemismus. Die meisten der Autorinnen und Autoren sind, wenn man sie nicht unbedingt etabliert nennen möchte, organischer Bestandteil einer zeitgenössischen Lyrik, die sich seit gut einem Jahrzehnt im Aufbruch befindet. Die Schnittstellen und Bruchkanten, die sich zwischen den poetischen Entwürfen mehr oder weniger deutlich herauskristallisieren, ergeben sich aus dem Verständnis von Dichtung als postmoderner Kunstform, die vom Wesen her keine monolithische Struktur verfolgt, sondern im Kontext und Spannungsfeld anderer Kunstgattungen und Wissenschaften zu verorten ist.

Dass diese Anthologie auf Kategorien wie Vollständigkeit und Konsistenz keinen gesteigerten Wert legt, versteht sich von selbst. Daraus ergibt sich, dass nicht *alle und jeder* Text zu diesem weiter gefassten Sujet Eingang finden konnte. Es gilt der Hauptsatz, dass alles formal wie stofflich interessant Komponierte und Wagnisbehangene dem Altbackenen, moralisch Angesäuerten und politisch Korrekten vorzuziehen war. Denn die neue Qualität dieser Texte, vergleicht man sie mit Gedichten aus den 70er- und 80er-Jahren, ist ihr Hang zu komplexer Durchdringung einer mindestens parallelwelteten Wirklichkeit, der scharfgestellte entideologisierte Blick und das Vermögen zu kritischer Reflexion ohne Beschwörung einer trügerischen Hoffnung, wie sie zu Zeiten des Schwarz-Weiß aus Ost und West allzu oft schreibend praktiziert worden ist. Das Fehlen einer einfachen positiven Utopie mag im deutlichen Zeitencrash begründet liegen, der auf das Wort Zukunft keine Anagramme mehr bildet. Wozu dann also politische Gedichte?

Mittels nachmoderner Dichtung könnte das bestenfalls heißen, die Sprachkritik an den Zuständen und Prozessen der Gegenwart in dem Maße wachsen zu lassen, dass die Worte zu Übersprungshandlungen ansetzen? Das Gedicht als Märchenreich ist nicht mehr erhältlich, es kleben zu viele tödlich verwundete Spurenelemente daran. Die Utopie jedoch als »dynamische Leerstelle«, fließend in Schnecken- und/oder Lichtgeschwindigkeit, mitunter mäandernd, zeigt eine ethisch-ästhetische Dimension auf, die auf Ver- änderung aus ist. Die Gedichte auf den nachfolgenden Sei- ten sprechen davon: Poesie als »Speicher kulturellen Wis- sens«, als Trägerin eines Codes des Humanen, die sich der Komplexität multipler Welten bewusst wird und das Schei- tern zu tragen vermag oder, wie der belgische Anthologist Tom Nisse schrieb, »den Katastrophen ihrer Epoche tat- sächlich gewachsen ist«. Das Signalfeuer einer (sprach)- kritischen Dichtung leuchtet auf den Trümmern der welt- kapitalistischen Apotheose. Und einer *Ästhetik des Widerspre- chens*, wie unzeitgemäß dies auch klingen mag – in einem Großteil der hier vorgestellten Gedichte kann man diese aufspüren und ihr passagenartig nachgehen.

Dass die Gedichte unerhörte Libido einschmuggeln und sanfte Drogen, schrieb ich an anderer Stelle. Und meinte: Poesie als eine Form der Lustvermehrung. Die Gedichte, die in dieser Anthologie erscheinen, verstehen sich auch als Kassiber. Sie sind Botschaften über das Jetzt hinaus. Bot- schaften für Morgen. Denn dies meint Politische Lyrik heute, im Sinne Jean-Luc Godards: es gibt keine politisch- parteiliche Kunst an sich, man muss die Kunst vielmehr inhaltlich wie formal politisch machen. Dementsprechend sind auch die Gedichte dieser Anthologie: *vielschichtig politisch.*

Tom Schulz, Augsburg im Frühjahr 2009

Helikopterquartett mit Vertriebenen-Arie

I

in erkannte den unterschied   am bankomat   stellenb
ich des letzten neuen Rohöls   Helikopterquartett mit
ang Lang   (telekom 1: zauberkreis)   split   ecke   aus
e nacht   Die Türme des Schweigens, Yazd   des feux d
Insellogos   patentpilze   wir gaben einige der gebäud
r schöne 38. September   Gehen Sie wählen ?   tauben
das ende der arbeit   hartz IV-lied   post-industrial
nschrift zur peinlichen Berührung   stellt angestellte
ese   Vollkontakt   in den kellern neuköllns   die best
e eine Zitrone   herz der finsternis   moewen   waten
ys   haus ohne einheit   mein gleiwitz   Die jungen B
an die Freude   Deutschland marschiert   hot magenta
ckower elegie   Fell   schon bin ich eine alte frau   Ich
   Weimar Blues   hütten, paläste   Ich muß   Suchbi
de, timide   Deutsche Terrasse (Suchbild 2)   was nach
e im Siegermedium   was ist mit den tieren?   Aus de
tangerine   wir sind doch kein jurassic park   Lichtet
ream & kommentar debord   die, die alles hat   Das M
a die Samariter der Nächte   geodätische kuppeln   Gr
o unterschied   am bankomat stellenbeschreibung   R
pterquartett mit Vertriebenen-Arie   Ode an die Freud
   ausfallstraße   berlin schönefeld   die nächste nach
brend des Freitagsgebetes   Insellogos   patentpilze

Wie ein Grenzschutz wieder
eine Linie zieht, es muß, es
darf geschossen werden, das
muß, das darf gefilmt werden

wie erdfremd dieser Kontinent
mit Sternchen am Revers, wie der
die Abwehr aufbaut, Mutti macht
noch schnell den Abwasch

als im Süden die ersten Turnschuhe
angespült wurden, später zwei, drei
Zweibeiner gefischt wurden, es muß
es darf zurückgefeuert werden

man erkannte den unterschied zwischen ungeregeltem durchbruch und kanal, der *suez*-krise etwa, hier kaum.

wir sahen hinüber, vielleicht verdeckten sich erholende gras-büschel oder die helligkeit selbst den blick, versuchten, die dach-konstruktion der turnhalle, der philharmonie, *en detail* zu be-schreiben.

verhaltene unruhe im schlafsaal, bei mäßiger belegung. ein feld blinkender module, das bis zum boden reichte und mit der abend-sonne in der frisch aufgewühlten erde verschwand.

wir waren hier gemeldet. die zu den akten genommenen namen veränderten sich wie wir in unserem stoffwechsel, der uns kleidet, altern.

wer ohne hilfe atmen konnte, registrierte den kopfsatz, der unvoll-endet geblieben war. uns kam er endlos vor. thematisch hörte man das muster der leer bleibenden plätze heraus.

unsere trauer bildete jedoch keineswegs fremdkörper in jener parti-tur, die einem säugetier ähnelte, king kong oder dem *leviathan*. sondern das rückgrat.

wir nannten das hier unsere provisorische unterkunft. weil die mu-sik lief, fühlte man sich wie auf der titanic oder einem boot der küstenwache. hier drin war es relativ leer, draußen überfüllt. im gedränge an den türen zertrampelten sich viele selbst, kopflos.

ein feuerwerk würde die kommision ja bezahlen. das bewässe-rungssystem, das wir spielerisch am strand erprobten, des *roten* kreuzes. das war ein freiwilliges jahr.

am bankomat leuchten die augen. ein glückender glanz
der sich spiegelt im lcd. du bist jung, du siehst gut

aus, dein kleid findest du in einer hippen filiale
(wie in jeder stadt). in die city, das ist dein sinn nach

der arbeit, nach dem essen, nach der liebe. aber was dein
mann sagt, bleibt geläufig: in die city, das ist sein sinn.

aus dem bankomat fallen scheine, deine gunst & dei
ne blütenfrische. das papier ist rein, jeder mag es

wie du dich bewegst von boutique zu boutique. kauf dir was
schönes, ein kind, wie es in der werbung lacht, weil der wunsch

einfach zu begleichen war mit der goldenen karte.
ein chip, der deine daten trägt, deine maße. dein slip,

wird er feucht beim anblick der flakons? bei musik, die der
kaufhaus-dj auflegt für deinen privaten cash-flow?

es ist eine ordnung aus seattle auf deinem schreibtisch *es ist
eine ordnung aus* dem pentagon in deiner post & du bist es
nicht dem das ammoniak die hand abfrisst wenn du den
text formatierst es ist der drucker in china. *es ist kein tanz
es ist eine ordnung aus* seattle & münchen in deiner sprache
die sagt ALLES LIEBE wenn du sagen willst ALLES HASS.
es ist kein tanz. es ist ein gitter aus abtaststrahlen in dei-
nem kopf deinen ohren ein gitter aus allen studios der
welt es ist ein gitter aus wohlklang es liegt eine CD aus
cuba in deinem player *mach dir nichts vor* der straßenstrich
in havanna ist nicht anders als der in taipeh wo das
CD-presswerk steht. *mach dir nichts vor. es ist eine ordnung aus*
seattle in deinem kopf das blaue leuchten des bildschirms
in deinen ideen. *es sieht jeder was ist nicht an sich selbst.* du
denkst tüchtig nach. pädagogisch. wertvoll. *blutig tüchtig.*
innovativ. kreativ. phantasievoll. *tüchtig blutig.* der teppich
der deine schritte dämpft wenn du mit einer tasse ausge-
beuteter anregung von kinderhänden gepflückt ZARTES
AROMA in dein büro schleichst ist von kindern geknüpft.
es ist eine weißgefliese ordnung in daressalam kuala
lumpur in dhaka karatchi. kreativ geknüpft auf deinem
gläsernen bildschirm eine sprache aus plastik. *mach dir
nichts vor.* das glaubst du doch selbst nicht. auf deinem
bildschirm aus plastik eine gläserne sprache. der glaubst
du doch selbst nicht. ruckediguh. blut ist in der gläsernen
hülse des wortstiefels den du vor die wand fährst. rucke-
diguh ich & du müllers esel legt goldene eier aufs konto.
magenta & gelb vor neid. das glaubst du doch selbst nicht.
nur nicht cyanisch werden. *alles tüchtig blutig.* alter
schwarzfilmseher. & tippst immer weiter drauf los &
schlägst auf die maus ein deine neueste idee Mauseklick –
Der Kinderspaß das pappbilderbuch mit der plastikver-
stärkung Interaktive Früherziehung eine computermaus
ohne computer zum klicken da fahren wir ein in den
karpaltunnel dem muttermund kaum entronnen. wir
zwei. wir 20 jahre zur schule geschickt. ihr zweijährig &
zielgruppe zielscheibe. wir 20 jahre zur schule geschickt &

jetzt *blutig tüchtig. es ist kein tanz. tüchtig blutig. wir sind die pest. mach dir nichts vor* klugscheißerchen da brauchst du dir keine aktien zu kaufen mit deinem transnationalen arbeitsplatz *wohin kommen wir* zwischen kreativdivision & krüppelkindern in fernost die plastikmäuse zusammen-schrauben für ein tausendstel deines stundenlohns *wohin kommen wir wir wollen frei atmen* die plastikmäuse aus dei-nem kopf Mauseklick damit die weißen kinder *auch gegen tote neger* schon nach zwei jahren leben so kaputt sind wie du selber nach 20 jahren schule. *wohin kommen wir wenn es ist kein tanz ist eine ordnung* aus nullen und einsen in dei-nem kopf in hongkong in hanoi in havanna *wohin kommen wir wenn einer von uns es ist eine inkontinenz das nicht aus-hält wir sind die pest* aus kreativdivision und trikont *& so und so kriminell wenn du hingehst & dich verkaufst* aus der das blut herausläuft. *& das tut jeder. oder er lügt.*

nach:
CHRISTIAN GEISSLER, *Das Brot mit der Feile*, 1973
CHRISTIAN GEISSLER (K), *wir erklären die feindschaft*, 1992
CHRISTIAN GEISSLER (K), *Wildwechsel mit Gleisanschluß*, 1996
CHRISTIAN GEISSLER (K), *ein kind essen*, 2001

Ron Winkler | **Rosenkranz für das Gefühl anlässlich des letzten neuen Rohöls**

so schön kann es sein im Staatslicht. inmitten der Frische von Wesen
unterhalb von Kentauren auf der Suche
nach Silikon.
Silikontälern und -tümpeln. auf den Autobahnen

zwischen dir und deinem Gesicht fuhren Schuldenpanzer auf
und ab. die Pilotenmasse in Greiffarben
zeigte halbdimensionales Lächeln – von Anfang an.
Vorstufen

von Clubs, erogene Pathologen, Weisheitsschaftler
die das Du erfunden hatten oder Aviakopter – dort ging ich
ein und aus.
wir hatten das Zahnfleischantlitz

der Welt
der Werbung, die sich in uns bewährte. Straßenkinder konnte ich kaum
noch von Feldwegkindern unterscheiden, Tabulatoren
von den Inhalten trennen, die sie verschoben. noch

jeder Präsident jeden Viertels diente einem
Server. und ich war ein Begleittier zu mir. weg von mir. sehr viel
westwärtser als die nicht mehr als eine Minute dauernden Generationen
zuvor. deren (gut gemilchte) Milchbartspuren

sich zwischen den Hampelmaschinen auf den Ölfeldern
des Washington Countries verloren. lediglich. selbstverständlich.
gegebenenfalls.

Unser Spielfeld heißt Afrika, wir wurden
nur Dritter, die Karawane zieht weiter
und was es wird, wenns fertig ist, da
geht der Sand drüber, auf den Asphalttrassen
hoch die Tassen, HIER BIN ICH MENSCH
HIER KAUF ICH EIN, hier bin ich
Fleisch, Teil und Anteil des Lösungsproblems
Mann und Frau gehn durch die Erd-Baracke
und fotografieren den Wald, hier brech ich
ein, linkes Bein, rechtes Bein, letzte
Meldung: Kanal voll, danke, das ist
das Ende, hier kauf ich ein

Florian Voß | **Ode an die Freude gespielt von Lang Lang**

Diese asiatischen Wespen im Fernseher
und bei uns sterben die Bienen aus
Europa eine Balkansuppe mit Croutons
und die Maggi-Gesichter in Singapur
sind pur auf Sieg gestellt
solche digitalen Uhren-Visagen
auf durchgestreifte Hemden gepfropft
Die totale Verteidigung beginnt
um fünf im buddhistischen Garten
Da schlafen wir noch im alten Europa
und brüten aschgraue Träume aus
Wie schön, auf der schwarzen Erde zu liegen
und kein Wecker aus Fernost schreckt uns
Überall Dichtung und rostfreier Beton
und neue Plattenbauten an den
von Regenpfützen bevölkerten Straßen
In den Wohnungen stehen in Plattenschränken
Hymnen auf die neue Zeit
Ach, soviele Kratzer im Schellack

Stefan Schmitzer **(telekom 1: zauberkreis)**

dann hölzern
gegen die fresse von
außen und innen und

so viel licht gegen die stille,
paradiesstädte eine
wie die andere, und gleißend

über den hängen, im nichts,
ziehen unsere stimmen kreise
von liebe und telefonie und

sich das vorstellen, das mal
in den schädel hämmern, wie
ich hier und dort

du und zweihundert km land zwischen uns
ruhig und sanft und fremd und nicht mehr so
als würde es auf uns warten

mit der entscheidung, ob nun
krieg oder frieden zwischen uns
und ihm, dem land, besteht.

Markus Roloff **| split ecke ausfallstraße**

der fallwind stößt runter & reißt
an der plastikplane über der vorvorgestrigen
grillkohle   nachts hob sich die ebene
morsch   die europastraße nach zagreb sägt

durch den mittag   gebirge stehen hier   MOSOR
& KOZJAK wie mondbrocken   karst vorm gesicht
oben (dahinter) vermintes gelände   abdruck von
einschuss in jedem gedanken   waldbrand   richtung

schon wieder wiedereröffneter flughafen   bis eben sah ich
TV   die gegend sei das zentrum der bora   verirrter
BOREAS (moderator) zersiebt mir den horizont oder
der blick kommt nicht aus dem ziel (ich   scheibe)

Angela Sanmann **| berlin schönefeld**

matrizen • eine landschaft • aufs gesicht
gezogen • du bewegst dich nicht • wirst
bewegt • ein mann betet • mit dem kopf zur
wand der gepäckhalle • sein blick geht nach
mekka • gespeicherte zuflucht • vor dem
abflug • nach der ankunft • rattert eine
münze durchs zahlengetriebe • apfel kirsche
dollar • war nur ein anlass • verworfen • von
wem denn

René Hamann ∎ **die nächste nacht**

die nacht leuchtet tief unter den straßen
moskaus, im kolportagenwerk, nach dem dach
einsturz im erlebnisbad, oh diese jump cuts

einsame drehtage im befindungsterror
jede nahaufnahme ist ein ethisches dilemma
entfernung ein haltloser einwurf, autobomben

und restverstand, blut wie sau: sie wissen
von den geldern, wir, wohin sie fließen
in die kanäle, in die menschenleeren bilder

in die schönen übertragungswagen
in die prächtigen laternen im farblosen winter
in diese melancholische milch

In mandelpastenbrauenen Häusern mit vier Kammern,
runden mandelpastenbrauenen Kuppeldächern,
wurden abgelegt die mandelpastenbrauenen Toten
zum jüngsten Gericht der schwarzen oder mandelpastenbrauenen Vögel.
Wurde erst das rechte Auge ausgehackt, kam die Leiche
Auf den Turm der Guten, während beim linken Leichenauge
Der andere Turm, der für die Schlechten, den mandelpastenbrauenen
    Toten nahm.
Was aber mit Einäugigen geschah, ist nicht bekannt.
Hoch sind die mandelpastenbrauenen Türme nicht,
mehr wie große Plastikschwimmbecken,
wie man sie sommers oft in Häuslergärten sieht,
stehen wie Stielaugen auf kleinen, mandelpastenbrauenen Hügeln,
glotzen in den weiten, blauen Himmel.
Vier Meter hohe Maueren und im Inneren
Eine Steinterrasse, wo die Toten wie Sonnenanbeter an der Riviera liegen
Tote, die mit ihrem Tod die Elemente nicht beschmutzen dürfen,
Tote, die mit ihrem Tod nun Vogelfressen, ganz zerhauen,
aufgerissen von den Schnäbeln, Krallen,
Tote, denen weiße Rippen aus dem Körper schauen,
Tote, rausgerissen die Geschlechter, Wangen, Innereien,
tranchiert von Vögeln, weiße Adern, Muskelstränge
freigelegt von Vögeln. Büschelweise abgefallenes Haar,
Tote, denen Organe aus den Leibern hängen, in deren Leibern Vögel
stehen, mit festen starken Vogelkrallen, mit harten spitzen
    Schnäbeln,
kleinen runden Vogelaugen. Bis man sie vergiftet, weil
sie Knochen fallen lassen haben über Yazd.
Knochen von mandelpastenbrauenen Toten,
vielleicht vom Bruder, Onkel, Vater, Knochen,
die in Gärten fielen, prächtige Innenhöfe oder einen Erbschaftsstreit.
Vielleicht auch nicht nur Kochen, sondern kleine Finger, Haare,
Zehen oder einen Knabenhals.

Heute sind die Zoroasters weg, vertrieben, heute sind die Türme frei
Zugänglich, haben Touristen Wörter in den weichen Lehm geritzt,
ist die Knochengrube mit Geröll und leeren Zigarettenschachteln
    angefüllt.
Heue sind diese Terrassen in den Türmen, auf denen noch 1970 Tote lagen,
beliebt bei Liebespaaren, die nur im Geheimen lieben dürfen,
    gesehen nur
von Vögeln, die auf neue, frische Tote warten. Heute sind die
Wege zu den Türmen als Motocrossstrecken beliebt,
gibt es weiße Schlieren im Gestein,
zerfallene Knochen von vor tausend Jahren, oder vierzig,
die einmal den Vögel schmeckten, davon reden diese
Stielaugen des Schweigens. Was mit Einäugigen geschah,
sagen sie nicht.
War es Nietzsche, der meinte, Geschwätz sei
Die beredteste Form von Schweigen, was
Bei diesen mandelpastenbrauenen Türmen
auch in die andere Richtung geht.
Nein, umgekehrt.

Achim Wagner | **des feux de position /
positionslichter**

eine kleine sache noch
wir gehen zur kasbah
willst du das alles
von vorne anfängt
durch ein tor zu einem
hohlraum bärtige kauern
tücher an den wänden
    sirenen
noch haben sie uns
nicht gefunden
und dann kannst du
nichts mehr machen
sirenen
          wirf hoch
          schlag weit
          denk an ein
          spiel oder hör
          einfach auf
          zu denken
sirenen eine zelle
fünf wochen später
auf einem basar
warte verschwinde warte
lies mir das vor fatma
                sirenen
                sprich
mit mir folge mir
fatma die in einem korb
äpfel und granaten
    sirenen
              erklär es mir
noch mal
      jetzt
verstehe ich
bleib vor der tür
            stehen
auf den dächern

pfützen spiegeln visiere
sitzen gewehren auf
elf uhr vierzig
einige verdächtige
bring diese leute
zum stützpunkt
zum verhör
                    sirenen feuer
stöße
sie haben uns verfolgt
können wir nicht
sie werden uns noch
bist du soweit
kaliber 7,65 mm
die straßen abgreifen
sandsäcke markieren
                    stationen
markieren kontrollpunkte
ausweis für ausweis
sirenen
nach jeder tat
unterschlupf
ich habe noch
zwei tage urlaub
was willst du hier
ich habe noch
fass mich an
fatma
ich will
zum strand
ich bin ein attentat
balkone
        leinen
                    wäsche
da unten schau
er sieht aus wie
ein partisane
fingerzeige
sirenen motorräder
fatma

es ist noch
zu früh
aber ich will
an den strand
beeil dich
bis morgen
ich will
wir sind
gleich da
können wir
passieren
sirenen ausgangs
sperren häuser
    trümmer
                sirenen
gehst du mit mir
an den strand
fatma bleib hier
warte auf mich

ich werde
warten heute
versprich mir
fatma
schleierauge
ein gürtel der trägt
einen sprengsatz
stieben eine theke
       eine musikbox
die bruchstücke einer fassade
sirenen
der flug nach paris wird
zwanzig minuten später
       starten
       sirenen wie immer
stellen sich fragen
wehen fahnen
welche sind es
wie erkennt man sie
sie haben die vollmacht

sie müssen vorgehen
anonym unauffällig
pass auf dich
pass auf
fatma ich will
das genügt
fangen wir an
so entsteht ein dreieck
eine zelle
wir brauchen
                        kontakte
                        methoden
wir haben
freie hand
wir brauchen
wir haben
wir mobilisieren
acht tage
streik nur eine minderheit
versammelt euch
nicht trefft euch
nicht in räumen
versorgt euch besser
zieh dich um fatma
zieh um
ich will an den strand
was sagst du dazu
ich melde mich
morgen
hör zu
ich hoffe
du bist nicht müde
sirenen tastaturen
im stakkato
bringen sie
die verdächtigen
bist du taub
sirenen hinter hecken
schützen nachtschicht
nachtsicht

habt ihr fatma
gesehen
in garagen lagern lösungen
zünder zwischen zähnen
das ist gute arbeit
sirenen
machen sie kopien
verteilen sie festnahmen
rund um die uhr
verstecke wechseln gefechte
                    sirenen
warte noch
keine fotos mehr hören sie
        auf zu fotografieren
                        sirenen
er hat sich
            aus den fetzen
            seines hemdes
einen strick
                    gedreht
                    sirenen
ich meinerseits sehe mich
als skeptiker
obgleich ich weiß
es ist notwendig
legen sie den hebel um
schicken sie den strom
es hängt
ganz von dir ab
dein körper
trägt die konsequenzen
dein körper
kennt die konsequenzen
die suchscheinwerfer
der helikopter
ein rucksack
per tastenwahl
ein kofferraum
in digitaler zeit
rotoren sirenen

fatma
schlaf dich aus
ich bin bereit
mir geht es gut
ich erinnere zitronen
ich erinnere feigen
ich erinnere datteln
ich will an den strand
ich stehe auf
ich evakuiere mich
gib mir dreißig sekunden
bis ich das signal bekomme
geschosse detonieren stiefel
brechen durch den doppelten
boden der keller eine bastelstube
selbst ausgelöst ausgelöscht
ich habe keinen kopf mehr
                sirenen
schweigen weiße laken
eine parade durch die kasbah
parieren parlieren uniformen
orden die sich verleihen
nach einem zaghaften monat
sirenen
flammt plötzlich auf
flammt wieder auf
flammt umso heftiger
organisieren sie die begräbnisse
bis wir unseren abzug verhandeln

Björn Kuhligk **I**

Während des Freitagsgebetes
die kopftuchgebückten Frauen
auf den Feldern, von den Minaretten
fallen die Worte wie Ringe um die Häuser, abends
stellen sich Sprenger an, die verlassenen
Gewächshäuser, eine Ansammlung
Zelte, vor denen zwei Kinder am Feuer
bei Nacht der hellblaue Swimmingpool
das Anschlagen der Zikaden, in den Dörfern
stehen Häuser leer, auf den Dächern
rostende Wassertonnen, »Ladies
and Gentlemen: Mr. Germany«, dann
der Clubtanz, Hände hoch und rechts und links
und Beine breit, *ihr Name auf einem Reiskorn*
die Sonne seilt sich, das kennt man hier, wie jeden Abend
hinter den Bergen ab, *Sie werden es nicht vergessen*
die Fotoserie, in der ein Pärchen am Meer
und freundlich auf das Wasser blickt
über den nackten Oberkörpern am Morgen
drei Kampfjets Richtung Osten
dann der Clubtanz, Hände hoch und rechts
und links, irgendjemand macht das Foto

Tom Schulz | **Insellogos**

den Apfelproduzenten, die Blüten
um Blütentraum nachahmen, die Scham
um Schamgrenze in Zoll, Blut

Tränensud ummünzen, eine Cash
Kuh fliegt über Beirut City
der die Monitore Tor und Hölle

öffnen, alle Uhren sind befangen
mit Flitter, Reisblätter aus Uran
ich fühle mich zernichtet von

der Geschichte, Reisbäume für senk
recht sieben, den Apfelschalenproduzenten
die Pest um Florenz in die Rinde hinein

fiebern, zur lebensmittelchemischen
Wallfahrt, Popups mit Maisstärke, waage
recht sieben, für keines der Nehmerländer

o die aus Sägemehl verfüllten Bankette
shufflen mit Turnschuhpiraten, ich kann
raten wo der renitente Setzling austreibt

mit Sätzen von muskulärem Schwund
den Apfelkernproduzenten, die Quell
Brunnen um Fruchtwasser in geheiligte Null

Kaloriengetränke verwandeln, einen
weiteren Testkontinent, der in einer Test
Version auf Al Jazeera rauscht, es

schmeckt nach Knochen und
Seife, es schmeckt nach Schweineblut
aus tatsächlichen Äpfeln

Gerald Fiebig | **patentpilze**

wir standen auf der brücke™ über den gleisen
& der mauerschwamm wuchs in den pfeilern

die bahnarbeiter gingen quer über die gleise
bald wird der suhrkamp verlag dafür tantiemen

verlangen von der bahn denn *jakob ist immer*
quer über die gleise gegangen (© 1959)

während die deutsche bahn einen datenbankbetreiber verklagt
weil er den namen seiner datenbank auch abkürzt mit DB

wir standen auf der brücke™ & küssten™ uns lange
das aufeinanderlegen von lippen zum zwecke des zungen

kontakts ist auch schon patentiert unser glück™
dass kein patentanwalt da war der uns sah nur bahnarbeiter

verkuppelten unter unseren füßen die güterwaggons
es roch modrig & schwammig wie hafenkai oder waldpilz

nach EICHENMILCHLING® *typisch ist der geruch nach blattwanzen*
oder lokomotive die an verletzten stellen austretende milch

verfärbt sich langsam gelblich (© 2005) wie die abendsonne
über dem gleis weil du mich so fest hieltest dass mir einer abging

& wir gingen von der brücke™ ins schwindende licht
& küssten uns heimlich & sprachen nur leise

weil auf all unseren worten & gesten der unsichtbare schimmelpilz wächst
der SPARRIGE RISSPILZ® der patente & rechte der uns die münder verbiet

der die sprache™ in schrebergärten mit todesstreifen aufteilt
& jede neu geborene idee™ bei lebendigem leib aus dem hirnfleisch

herausschneidet *das blasse fleisch fleckt im alter*
rosabräunlich & ist bitterlich (© 2005) & weint ebenso

nach dem geist™ der ihm ausgeblasen wurde weil denken™
aus sprache™ entsteht die jetzt einklagbar wird & so legten

wir uns zwischen die *blattwanzen* (© 2005) in die wiese™ schon
    sporenbehaucht
weil in unseren häusern™ der patentschwamm die wörter™ aufsaugt

& unsere namen™ auf den türschildern sind warenzeichen™ geworden
sodass wir bezahlen müssen wenn wir die türe™ aufsperren

das fleisch riecht spermatisch vor allem gerieben (© 2005)
also reib noch einmal mein fleisch™ & ich küss™ dich

an all den stellen die schon nicht mehr deine / private parts / sind
sondern fremdes privateigentum *die wechselseitige nutzung*

der geschlechtsorgane (© by the trustees of the estate of immanuel kant,
copyright renewed 2005, patent pending) ist jetzt kostenpflichtig

für ehepaare gibt es ermäßigte sätze da haben wir pech
& atmen schnell & atmen schneller die pilzsporen ein

& vergehen so schnell wie wir kommen weil pilze
uns die luft nehmen zum atmen™ zum sprechen™ *der hutrand*

ist im alter aufgebogen der ring am stiel oft vergänglich (© 2005)
wie wir am fuß™ der riesigen bäume™ ihre gene™ gekauft

unter der kastanie™ verschlingen wir uns wie das myzel™
KASTANIENBRAUNER SCHIRMPILZE® der regen macht uns nicht nass

der (© 2005) regen™ fällt™ *auf* (© 2005)
die (© 2005) gleise™ *des* (© 2005) schlachthofs™

Daniel Falb |

wir gaben einige der gebäude wieder frei. die empfangsräume
                    entsprachen jetzt internationalen standards.

gewisse fassadenelemente der historischen altstadt
                              waren neu verklebt worden.

wer das aufzeichnete, brachte bloß neue portraits
                    der königlichen familie hervor, die rannte.

schon die minimale bewegung ennervierte ein rauschen, volle
kaskaden von muskeln. sekundenlang berührte niemand den boden.

jene herausgelösten gruppen, die in die schwer zugänglichen
          landesteile im inneren, eben das zentralmassiv, *gebeamt* wurden.

und dann in demonstration verschwinden.
                    die reine vorsichtsmaßnahme als sehnsucht realisieren.

dieser empfang wäre eine scheibe, ein nährungsweise runder
bereich, der verschiedene zonen um das epizentrum herum verteilte.

man hatte somit den abgesprochenen treffpunkt
                    immer vor augen, den es zu meiden galt.

und dieser empfang wäre ein ring, der aufgerissene straßen
          umhüllte, aus denen das trinkwasser, an den jetzt immer gleichen

stellen, hervorquoll. wir kontrollierten die, die uns beobachteten,
                    indem wir genau das machten, was sie sahen.

im wildwechsel der zeugen folgte rücken auf rücken.
          die eiförmige aura nicht strafbarer handlungen, die uns umgab.

Ann Cotton | **S+M 2**

Wir werden
Carousel fahren
zwischen sollen und müssen
sollen und müssen
sollen und müssen

Mit eisernen Nieten
den Zwang bannen
Was Gewalt sein will
muss mehr als verbieten

and if I get the bends

Karin Fellner |

schrecklichschön das erkennen / des fremden wenn es alle
supermarktidyllen / stört wie ein flatterpapier
aus dem grill das schwarz / aufrollt in deiner brust

der puls wird lose körper / maschinen stets im takt
klappen kataleptisch / zusammen an der kreuzung
bricht aus blicken palm / wein und foufou

wirst du mit deiner tief / kühlpizza unterm arm
aufs warenband gelegt / unterm laserleser
langsam durchgeschoben / in die gewohnte form.

Björn Kuhligk | **Der schöne 38. September**

In dieser Starkstromnacht, in dieser
vom Anfang bis zum offenen Ende
durchdachten Großtraumanlage
baldowert der Mond, der Mürbeteigkeks
über den von Wolkenfäden zersägten Himmel
und die Hände, was sollen diese Hände
heute wurden 1 000 Senegalesen
als Botenstoffe Europas zurückgeschickt
das Wetter, so bei AOL, wird geladen
und du, du hörst das Zusammenwachsen
der Fontanellen aller Säuglinge
dieser Stadt, du Pathos-Arsch

Franzobel | **Gehen Sie wählen?**

Glauben Sie an Politik,
an Felder hinterm Schädel,
Kohlkopf und Salpeterfleck?
Glauben Sie an Spitzenkandidaten
aus Pfullingen, Reutlingen, Lichtenstein,
an Gib-den-Knaben-Nüsse,
Schönberg-Wanne, daß es nach Heu
in Träumen riecht, Blut
aus der Statistik spritzt?
Glauben Sie an Fernsehdiskussionen
Kreuz des Nordens, Meeresgalle
An Lohnnebenkosten, Arbeitslose?

Dann gehen Sie also wirklich wählen,
kreuzen etwas an, werfen etwas
in den Schlitz? Dann sind Sie also auch
so eine Sau, so ein Mediendemokratie-
Mastschwein. Nein, pfui.

Das Ende der Arbeit

II

Stan Lafleur | **tauben**

graues wetter. taubengrau
durch ne unterfuehrung fliegen
an der wand steht: HURENSOHN
an der ampel steht ein stau

wer den grauen tauben folgt
folgt den pkw-motoren
abgasfahnen in alleen
ahorn in oktobergold

unter bruecken gurren tauben
auf dem boden klebt ihr schisz
berber die daneben wohnen
in verranzten gartenlauben

weil ich keine arbeit hab
geh ich durch die schoene stadt
tauben lenken meinen schritt
lenken die gedanken ab

Tom Schulz | **Abends, im Lidl**
steht die Arbeiter Klasse an

Orlando mit Wild:
ein Ragout tragischer Rollen.

Hunde mit vier Augen
schnorren um Kippenreste und Kümmelschnaps.

> *mit Hundt & Schwanz, mit Stihl*
> *& Bauerntanz & Säge*

Ich verneine, dass der Mensch
eine Ware.

> *& alle Werksangestellten gehen ihrer Wege*

Zwischen den Angeboten:
Vögel als Spinnen.
Es muß ein Kuckuck durch Deutschland
gehen. Ein Buntspecht in Rüstung
und Harnisch. Ruckediguh ...
Blut ist im Schuh ... der Freiheit die Augen
zu verbinden und nicht zu schießen.

> *o Leonberg, o Wüstenrot, alle Tarif*
> *Sekretärinnen sie hatten ihn schon mal*
> *im Mund*

Worauf warten wir noch?
Dass die Östrogene uns das Fleisch
fühlen lässt.

> *den Traum von einer 6er Klassen*
> *Lotterie, unter dem fulminanten Lenkstern*

Reiß die Stimmen auf, ruft das Meer
der Arbeitslosen.

Ich suche den Faden, die Heftung:
Worte zur Wundversorgung.

Geislingen an der Steige, wir trinken
dich bis zur Neige, Meister Meister Weltmeister
aus Deutschland gib uns Arbeit

In der Schieflage Rentner
auf dem Heimweg vom Endspiel

die forschen Pyjamaunternehmen
forschen am offenen Obduktionsleib
und nehmen Anteil, Volk am Sonntag

als die Latte mitspielte. Übel
Der Geruch Schwervermittelbarer.

Grüner Weg heißen die Essigreiniger.

Und doch:
In den Meisenknödeln das Glück
Wenn der April, grau und Samt.

(shoot the easy planet mix 2008)

Gerald Fiebig | **nach der industrie**

> Hang yourself, poet, in your own words. Otherwise, you are dead
> *Langston Hughes, Draft Ideas, 1964*

can't forget the motor city detroit, michigan, wo im hinterhof
(auf dem schrottplatz?) der amerikanischen automobilindustrie
der motown-soulsound & detroit techno entstanden. was geht mich
    das an,
mit meinen online bestellten compilation-sets auf CD? *hey white boy,*
whatcha doing uptown? warum darf ich davon reden?
vielleicht, weil ein ohr an einem zielfernrohr keinen schaden anrichtet.

nicht irgendwo in detroit, sondern genau am west grand boulevard
    nummer 2648
wurde hausmusik aus einem einbauschrank ab '59 zu produkten der
    plattenindustrie gemacht.
& der dialog von komponisten, musikern, produzenten & sängerinnen
    & sängern
unter einem firmennamen in den monolog der medien gebracht.
(FÜR wahre worte & herzensangelegenheiten FINDET DAS GESETZ
ÜBER ARBEITNEHMERERFINDUNGEN ANWENDUNG.)

  nowhere to run to, nowhere to hide & nichts zu verlieren als ihre ketten,
aus der autofabrik, die man auf dieser platte als rhythmusspur hört.

die ketten, die den arbeiter ans fließband fesseln – *but i do mind dying.*
die ketten, die die putzfrau an die fliesen fesseln – *misery is detroit*
linoleum in january. die rhythmusspur aus der hitfabrik, die selbst
eine autofabrik war. die flucht aus den fabriken erkauft mit den fesseln
von verträgen, copyright & stylingpolitik: »erst verpassten sie uns
    diese afros,
& dann hatten sie wohl angst, sie hätten kleine frankensteins
    geschaffen.«
so michael jackson. die stimmen derer, die in den fabriken blieben,
    sind leiser.

SOMEWHERE IN DETROIT: der geheime plattenladen, der auf vinyl
die verschlüsselten botschaften des widerstands gegen das elend verteilt.
»elend ist kaltes detroiter linoleum im januar«, das deine mutter
auf ihren knien mit halbgefrorener scheuermilch putzt,
& es schnürt dir das herz ein.

what becomes of the brokenhearted who had work *that's now departed?*

die verkaufen heute crack oder versaufen die stütze oder drücken
motown-hits aus besseren zeiten in der rostigen jukebox oder drücken
den abzug der schrotflinte im mund ab

       & das geräusch des schusses am anfang von Shotgun
       wird zurückgescratcht & ergibt ein schmerzhaftes echo.

oder deprogrammieren den rhythmus der stadt, in denen die
    chrysler-Autobahn
die klassentrennung eintaktet.

        in den in zeitlupe aufgelösten schuss wird
        »i have a dream« eingeblendet.

in der die menschmaschinen der industrieroboter die brotlosen
    fließbänder füllen,
always moving & going nowhere – nowhere to run to, nowhere to hide

      auf dem dritten plattenspieler fällt malcolm X
      martin luther king ins wort

außer in den ritzen des vinyls, aus dem die tiefsee-bässe dringen

   & die partynummer von junior walker mutiert zu einem eisberg
   von drexciya unter der hautoberfläche in einem ozean aus blut

um das häusermeer aufzumischen wie ein atom-u-boot unter der stadt,

     & dr. king spricht über den postindustriellen soul
aus der herzamputierten stadt »why i oppose the war in vietnam«.

wie ein schwarzer wal unter den verödeten parkplätzen
der menschenleeren autofabriken, die sich nach süden
hinausziehen wie ein meer aus dreck & asphalt, das die menschen
aus den sklavenstaaten überquerten auf der suche nach arbeit & leben.

keine schallplatte ließ sich finden, auf der
von den fallschirmspringereinsätzen in detroit 1967 erzählt wird

SOMEWHERE IN DETROIT: um das programm des verfalls durcheinander-
zubringen, transportieren die vinylkassiber in ihrem knistern
das blut der toten der riots & das blut der ausgepeitschten
& den angstschweiß & den schweiß der fabrikler
& halten ihre klänge dagegen, nicht industriell,
sondern irgendwo in der stadt hinter verdunkelten fenstern, in kellern
produziert von kleinen einheiten. kein anwaltsbewehrter
    copyright-backkatalog,
sondern im mix stets neu erfundene dialoge lebender menschen.
überall auf der welt, wo das knistern, das rauschen zwischen den beats
& den wörtern (*für ein gemeinsame arbeit*) gehört wird,
wo widerstand geleistet wird gegen den schmerz,
dessen narben eingegraben sind zwischen den rillen,
wo widerstand geleistet wird, bis das vinyl späne wirft
wie damals an der drehbank bei ford, bei general motors.

»was der mixt, hat er alles schon auf der festplatte«
(die festplattenindustrie hat die plattenindustrie längst überholt)
wie die strategieplaner von general motors, von ford in detroit.
warum darf ich davon reden? *whatcha doing uptown?*
warum darf ich davon reden mit den worten eines new yorker juden

während die feuerwehrsirenen durch mein offenes fenster
die hohen frequenzen von Bernadette ausblenden
das leben als kill switch

warum darf ich davon reden mit den worten lou reeds?
weil sein job im brill building auch ein teil der copyright-industrie war
wie dieser text, wenn er auf papier erscheint oder auf CD, auf vinyl.
weil general motors, weil henry ford did big business with hitler
& meine großväter & mein vater auch in fabriken motoren verschraubten.
weil wir alle in diesem drahtnetz drinhängen, & es kömmt drauf an,
dass die kassiber dem papier eine gänsehaut beibringen, dem vinyl &
    der haut.
oder kömmt's auf das an, was marvin gaye beschrieb: »den scheißdreck
    von liedern
verbrennen, die ich bisher gesungen hatte & rausgehen & mit den brothers
sämtliche möbel geradeziehen«? gute frage.

häng dich in deinen eigenen worten auf, dichter. sonst bist du tot.

milde, bekleckerte tage. eine verlorene schwester
eine vier-buchstaben-frau, die im wagen wartet.
am hafen die imbissbude, auch sie macht bald dicht
der parkplatz leert sich, die bögen sind gestempelt
es geht auf den abend zu. ein flackernder himmel
ein offen stehender mond. schwere, schwarze züge
vielleicht raben, die in die ferne ziehen. staub
der aus den taschen rieselt, mitte august, der sommer

hat sich krank gemeldet, zwanzig grad. der gleichmut
der traktoristen, die zulieferfirmen der ölindustrie
der mangel an autan. ein junge aus plastik in einem zelt
aus lüge, versucht für sich die apostolische nachfrage
zu klären: total oder texaco, die unerbittliche suche
nach dem entmüdungsbecken im stadion der weltjugend.
hedonistische tretmühle, berliner problemschule. niemand
ist allein, nicht für eine sekunde, auch andere erzählen

nicht alles, und über den dingen liegt der verdacht
handwerklicher schlamperei. die tore sind geöffnet
die bilder blieben an den schränken kleben, im spind
der jetzt auf dem busbahnhof steht, neben den fluchenden
die dumpf auf endlose möglichkeiten warten. ein
betagter, gähnender hund, ein mann, der einer rollstuhl
fahrerin ins ohr klagt: »es macht dich fertig« und weiter
geht zu den bettelnden punks: »ihr spielt nur eine rolle

ihr stellt auch bloß dar.« austausch von rezeptoren
antrainieren neuer subroutinen und abläufe. gefragt
werden ist besser als anbieten müssen, eine anzahl
von vermeidungen und schlick zwischen den zähnen
dreck auf den fässern. sie hatten augenduschen
bereit gestellt, für die fettgerüche, nasenpflaster
für die schwefelfälle, die verbrannten unterarme
waren weiter nicht schlimm, jetzt sind das verweste

wahrheiten, altlasten, an denen niemand mehr vorbei
defiliert. nur der onkel auf dem schreibtischstuhl
faselt noch von solidarität. die übertherapierten
auf der armenhochzeit winken ab, sie haben genug
gesehen: das ende der maschinen, sie laufen im kreis
alles nimmt ab, alles wird gefilmt. die städte fahren auf
und nieder, die polizei orientiert sich über das, was war:
simonie und nachschlagewerke, das ende der arbeit.

Stan Lafleur | **hartz IV-lied**

straszenbahntuer schlieszt. die wut
im fluszmund ruht noch sonnenglut
als franchise-unternehmen. geben
& sich hinbequemen. der himmel n
headbangender zyklop. der tief in
unsern nerven tobt. & gestern ist
bald schon vergessen. mal wieder
frasendreschen. oder erbsenzaehlen
& bei naechster gelegenheit endlich
die richtigen waehlen. man weisz ja
nicht viel von den dingen, auszer
dasz sie geschehen. die wahrheit
ham wir von jugend an meistens
ferngesehen. da liegt einer auf den
schienen. ziemlich blasser blick
den bringen sie jetzt mit sirenen
dorthin wo er herkommt zurueck

Gerald Fiebig | **post-industrial**

der rote schornstein steht noch.
um die pausenbänke in den höfen wächst gras.
die blechbuchstaben auf der
geklinkerten mauer (GEGR. 1836 ERB. 1936)
tanzen aus der reihe, dem absturz
entgegen: AUGSBURGER KAMM ARNSPINNEREI
                                        G

in dieser straße muss man früher den rhythmus
der maschinen gehört haben, gefiltert
& gedämpft zum hintergrundgeräusch. heute:
ein rauschen in der architektur
im hintergrund des erinnerns.
(daran zu denken, dass es einen umgibt:
wie das schwimmen in einer flüssigkeit,
die einem unbekannt ist.)
die maschinen selbst & ihr klang
im strukturwandel verschwunden:
textilien aus augsburg, textilien aus manchester
& autos aus detroit. *somewhere in –*

eine alte schichtarbeiterkneipe
gegenüber der fabrik.
hinter vernagelten fenstern
die verstärker, das tapedeck aufbauen,
die bässe anschließen: maschinen.
wenn für den abend
der geräuschpegel feststeht,
auf den ungeteerten parkplatz hinaus.

eine späte sonne scheint um viertel nach acht
durch die bierkastentürme des brauereidepots
nebenan. dahinter im gegenlicht
fünf oder sechs kräne: einkaufszentrum,
multiplexkino – *the post-industrial age.*

später dann mit maschinen
für ein paar handvoll minuten
die farbe der geräuschwände ändern
in einem hinterzimmer des industriezeitalters,
hinterblieben aus den 50er jahren
des vergangenen jahrtausends –
& wissen, dass es nichts ändert.

doch das hintergrundrauschen
vom urknall bleibt stehen,
wenn uns der strom abgestellt wird.
& eine kurze weile lang noch
wachsen unsere zellen alle paar jahre nach,
wächst das unkraut durch den asphalt,
das gras vor den fabriken,
der mais.

DEEP LIVE im Provino Live Club, Augsburg, 27.05.2001

Adrian Kasnitz ▌ **Jenseits der Immobilien**

Jenseits der Immobilien eine aufgegebene Tankstelle
Mit den ersten Blüten *post mortem*
Ein ausgeschlachteter Wagen, der vor einem Vierteljahr
Hundert den Stolz einer Familie spazieren fuhr
Ölflecken, Kanister, geknülltes Zeitungspapier, lausch
Dann hörst du, wie es raschelt
Es mögen frühe Ratten sein, die nach Fressbarem suchen
Ein später Obdachloser, der nun hier haust
Ein Intermezzo, bevor die Brache ausgeschrieben wird

auf heimkehr. so kleinstadt mit hügeln. so liedgut und abwehr-
kampf. so männerleiber. geschichten von denen. so bahndamm-
geschichten. ein platz der kein platz ist. und tausende. und
schwebend zu lebzeiten. hungrige männer. und schweiss und
erinnerung. strohfeuer strohmänner. opfertiere schweben.
das godesberger programm. zuwenig, zuviel, deshalb schwit-
zen. die hitze verkraftbar. zwischen den stationen leise die
gesichter. sagt einer ›jedem das seine‹. sagt einer ›umvertei-
lung‹. in zügen gesichter. in knästen. am weg. und wer hat
den bahndamm geschaufelt. und wer hat gewartet, dass
abend wird. und wer hat an tischen gesessen. wem diese orte
gehören. wer durchgeht. woher. von stahltoren weg, von den
knästen, fabriken. in uniform. ohne. ein puppenglied zittert.
ein zug aus dem tunnel. an fäden. bedingungen. stofffalten.
der atemgeruch deines vaters, und deines, und deines. was
da in den knästen sitzt. das schweigen selbst. so billig papier
hinterm photodruck. hinterm kurztext. und abwehrkampf.
so gab es. und gibt es. der atem. so dreierlei:

erstens die richtigen orte. mit vätern und büschen und zeit.
die vergeht. und abwehrkampf. landstriche, menschen. ge-
sichter. mit pflaster. der sand drunter billig wie zeitungs-
papier. und hangneigung. runter zum kirchplatz, zum bahn-
hof, zur mall. saß abwehrkampf hier beim kaffee.

zweitens die falschen orte. mit stahltoren, gegenwart, wert-
arbeit. fabriken und knäste. auch bauernbaracken. auch
osten. wo geht die sonne auf. die ganzen masuren im blick.
die kalkwand. die warte veränderlich, hier. nicht mehr
atem. bloß wind. hier oben. hier draussen. das sagen sie.
gehen heim, übern bahndamm, und unten und drinnen, da
wartet es.

drittens die bahndämme selbst. leimfarben, lack, dispersion.
zeitungspapierfeuer, rohstein. was hier geschieht, geschieht
nicht.

von diesem Moment an
wussten sie es, sie hatten die Laus
mit der Leber erlegt, schlürften
die enthaarte Suppe in der verkaufs

trächtigen Passage, Schenkungen
kamen vor, lila shawls, abschätzige
Zungen, das Mentalbüro zuckte
Männer und Frauen, knapp über der Verfalls

Grenze, der Kassensturz Oberschenkelhals
Bruch, die Klassenlotterie des Proletariats
es ging noch um Punkte, gesammelte
Herzen, Gebetsfeuer aus der Discount

Ecke (dass musste ein armer Müller
sein, dem die Windpocken die Wind
mühlen so mühelos in den Weg kamen
und allesamt flöten gingen)

der Lötzinn dieser Sätze, der Blöd
Zins, die Wucherfalle schloss abrupt
Fahrstühle fanden zurück in die Park
Ebene, an der man sich parallel

begegnet = verzweigt, nach dem du
das Bett warst, ich der Fluss
blieben die fluguntauglichen Kormorane
unter dem Fistelzweig bei den Alzheimer

Etagen, denen niemand die Biografie
abnehmen wollte, so wie die Pein
liche Reinschrift des Elternratsvorsitzenden
in ein von Akten erschlagenes Buch

die Handlung die sich bevollmächtigte
Debilfunk zu werden, der Kaufhaus
Sender offerierte Litaneien, sackweise
drei Paar für zwei

Tom Bresemann ▌

stellt angestellte aus
und aufsteller ein!
karma kapitalismus:
wieder so ein ohrwurm.
- reclaim the claims -

im fernsehn grassieren flüchtlings-
camps, supported by reebok.

du auf der couch im living-
room mit deinen tele-
prompteraugen, und ich
nebenan, als host-
age eines reality formats.
ist das jetzt eine dieser win/
win situationen?

und ich hab schon wieder
mit einem wallpaper geschlafen,
es tut mir leid, ich glaube, diesmal
hab ich mir dabei was eingefangen.

du lachst, verbuchst das
unter ressort- und ressourcenpflege.

du und ich, baby,
you and me und die sommer der welt,
wir rücken zusammen und machen in
100% polyestertrikots.

ausverkauf bong bong / günstiger beton
übern verflixten verfilzten / verhülsten verkrauteten boden
aufgeschüttet gegossen / die schwarze soße groß
zügig strikt nach plan

bahn frei für markenparks / megastores waschanlagen
über das krümelige / kiesige stöcklige holz
service am kunden ein park / leitsystem naherholung
für skater und biker zisch

war da was? ein wald / sterben? ach wo ist doch voll
grün alles grün und geiles / wetter weekend nix
wie rein ins auto wie raus / über trassen vier
spurig stockt verkehr

meldung auf bestellung / a 9 b 12 richtung c
werden im umland klapp / hecken errichtet als
straßenbegrenzungsgrün / um wuchernde
gartencenter.

hirschartig mein gesicht, groszporig, butzenscheibenporno
die einschuszloecher vom bier ausgeschwemmt, erste hilfe
korn-desinfektion, dies zerhaemmerte bild, na, hats geknallt
war der kommentar zur sondersendung, reality soap, zwischen
die amtlichen kolportagen geprilt, gnade der verspaeteten
berichterstattung, erstattung der gerichtskosten bitte in haeme
& besserwisserei. ich bitte darum die kleingehackten teile
meines zellgebildes umweltschonend zu entsorgen, umwelt-
schoenend, um welt bitte ich: einen schisz welt in meine reinen
haende im chlor der unschuld gebleicht meine knochen gekreuzt
unter dem bundesadler, raubtierschaedel, in bier konserviert

Ein Mädchen und ein Hund mit zwei
an den Körper gebundenen Flügeln
und ein Irrer auf einer Straße, abends
Berlin-Neukölln, das könnte ein Anfang
sein, die Laternen blenden auf, ein Zustand
zwischen Soll und Haben, ein Mann
hinkend und gebückt, das linke Auge
ein Loch, liefert Eiswürfel aus
GEHEN SIE BITTE ÜBER PARKSTRASSE
UND ZIEHEN SIE EINE WAFFE
in dem flachgeatmeten Neon
der U-Bahnhöfe schießt ein Kind
auf eine verstörte Taube, ich weiß
die Schön-, die Schönheit, die schöne
kommt zu kurz, das hatte ich nie gewollt
das kam mit Anlauf von hinten, und
die Arbeitszeiten, der Lebensstandard
der Kopfinhalt, dieses kleinegroße
verpißte Großeganze, vor Millionenjahren
sah ich den Wald vor Wäldern nicht
ich pinkelte aufwärts gegen den Regen
der von Einschüssen gezuckzuck
gezuckerte Himmel glich der Reifenpanne
eines Mietwagens auf dem Weg nach Süden
verstehe, wer das will, an der nächsten Ampel
begann etwas anderes ACH LASSEN SIE
DAS DOCH BITTE MIT DEM DICHTEN
das ich nicht meine und Freiheit
die ich meine, gibt es keine

Tom Bresemann

in den kellern neuköllns
entwickeln sie ein neues
geschlechtsorgan

täglich laufen testreihen
unerkannt die hermannstraße
auf und ab

täglich könnte wer
den schleier lüften, im sommerbad
die bombe platzen lassen

die aussicht ist prekär
den brüdern geht
der arsch auf grund

durch totsichere isolate und abgebundene szenen
zieht die autobahn an den vorstädten vorbei
blechlawinen, böse brücken, glühende häute
lichtempfindlichkeiten auf raststätten, pausen
höfen, mutterschiffen, die kontaktdefizite
die nicht mehr auszugleichen sind, parkhäuser
und telefonzentralen, die krummen satelliten
städte, weltraumopern, wäschestangen, partykeller
die besorgten anrufe nach dem hellen lichtblitz.

der astronaut wischt die blutspuren auf
machtferne als leistung, armut als luxustherapie
SIEG DER STERNE, die zeitungen warten
auf die sammlung, das telefon im wohnzimmer
klingelt selten und wenn, ist es lästig, wie mittags
der gang vor die haustür, die briefkastenkontrolle
das klingelschild mit den fingerabdrücken, die
briefträgerhosen, bissspuren, schürfwunden, allein
der hund hat sich verlaufen, ganz wirr und wild

wie die modekranken, gewuppten kinder
die als sohnemann das kirchenblatt bringen
oder den rasen mähen, meist faulenzen sie
auf der sonnenschaukel und schäkern
mit den nachbarstöchtern, DEEP THROAT
oder feste bindung, der gerüttelte verkehr
auf den kunststoffböden, die nachgestellten
fotos: in der berufsschule der über den kopf
der lehrerin gezogene tisch, übermalt

die münder in den schrebergärten, die nach
gezeichneten gefühlskonstanten: visionen
einer verblassten autobahn, die verrutschten
verrauschten platten, der harte schlussakkord
die falschen mittel, aber die echten strümpfe
und statt einer antwort das klacken eines zippos.
wer geht mit wem, wozu kinder, wozu die welt
die paare im raumanzug, der sich über die haut
flecken schiebt, die zukunft in weißen rahmen

Gerald Fiebig **| ein anderes leben**

manchmal nachts muss ich lesen weil ich nicht
    einschlafen kann
dann nehm ich die sprache nur noch in schriftform
    zu mir denn ich brauche die stille
manchmal abends bin ich wütend auf dich wo ich
    dich doch »das weißt du doch!«
liebe & ich weiß dass es sinnlos ist & ich kenne den
    grund nicht
morgens schlüpfe ich in mein nervenkostüm das
    der verkehr mir zerreißt
jede ampel jedes stoppschild bringt kämpfe mit sich
    die den tag überdauern
& ein unbehagen ohne namen geht ungefragt
    abends mit mir nach hause

dagegen helfen nicht tranquilizer noch therapien
dagegen hilft nur ein anderes leben

verwurzelt in unseren wohlandschaften schießen
aus den holzstümpfen unserer hände die
    fernbedienungen
wie pilze wir sitzen in unseren schließfächern &
    sehen uns
menschen in schließfächern an & den bericht über
    abschiebehaft
draußen wird eine neue untergrundbahn in die
    straße gegraben
draußen parken in drei reihen die autos & der
    abend kehrt wieder
leert den kopf & hinterlässt langeweile &
    erschöpfung nicht schlaf

dagegen helfen nicht ecstasypillen noch
    aktienoptionen
dagegen hilft nur ein anderes leben

(nach: Franco Battiato / Giusto Pio, Un' altra vita)

63

Simone Hirth ▌ **Diese eine Zitrone**

Von chemischen Reaktionen
will ich nichts wissen,
von Radarkontrollen nichts
und nichts
vom Protokoll.
Nur diese eine Zitrone
will ich aus dem Fenster werfen,
und wo sie landet, das
interessiert mich ebenfalls nicht.

Waten im Verdachtsgelände

III

erkannte den unterschied   am bankomat   ,stellenb
h des letzten neuen Rohöls   Helikopterquartett mit V
ig Lang   (telekom 1: zauberkreis)   split   ecke   aus
nacht   Die Türme des Schweigens, Yazd   des feux de
nsellogos   patentpilze   wir gaben einige der gebäude
schöne 38. September   Gehen Sie wählen?   tauben
s ende der arbeit   hartz IV-lied   post-industrial   Je
schrift zur peinlichen Berührung   stellt angestellte
e   Vollkontakt   in den kellern neuköllns   die beste
eine Zitrone   herz der finsternis   moewen   waten
.   haus ohne einheit   mein gleiwitz   Die jungen Bü
die Freude   Deutschland marschiert   hot magenta
ower elegie   Fell   schon bin ich eine alte frau   Ich
Weimar Blues   hütten, paläste   Ich muß   Suchbil
timide   Deutsche Terrasse (Suchbild 2)   was mache
im Siegermedium   was ist mit den tieren?   Aus den
angerine   wir sind doch kein jurassic park   Lichter,
m. & kommentar debord.   die, die alles hat   Das Ma
ie Samariter der Nächte   geodätische kuppeln.   Gru
unterschied   am bankomat stellenbeschreibung   Ro
erquartett mit Vertriebenen-Arie   Ode an die Freude
ausfallstraße   berlin schönefeld   die nächste nacht
end des Freitagsgebetes   Insellogos   patentpilze

heart of darkness. also deutschland deutschland wiederaufbau.
frauenkirche. steine weiß und dunkelgrau und nichts
dazwischen. vom original. über die weiße kuppel verteilt.
und *bildzeitung.* textbalken dreitausend zeichen. graphik
mit streit. maler und mäzen. restauration versus sprech-
blasenwissen. und die schlange. drei mann nebeneinander
einen kilometer lang fünf euro eintritt. der spielt mit den
schlangen. der schreibt wenn es dunkelt nach westen.
eindrucksvoll schreibt er. sein auge ist blau. sagt freund-
liche dinge wenn du stolperst und dich entschuldigst.
lächelt mit händen und kamera. gleich nebenan synagoge.
ein quader. dann stadtmauer. park. elbuferwiesen. sehr
sexy die stimme im nahverkehr. regierungsviertel. albert-
platz. bahnhof neustadt. und raus und raus und raus. die
fenster zerschlagen verhangen vernagelt. erst jetzt sagt
die alte erst jetzt. und bier und gewürze. kein geld mehr
hier drüben. lokale und glasbruch und abbruch. man ist
wieder wer in der welt. man geht an die ufer. von überall.
ist wieder. und wieder die *bild.* soldaten. der kongo. am
rand jetzt von glühwein und stollen. da singt man. dein
goldenes haar sulamith. erklärt mir. die wachstumsbran-
che tourismus *hier drüben.* na haben ja sonst nichts mehr.
der spielt mit den schlangen. luft kalt. und nicht kalt
genug. die jahreszeit. schlendern. zwofuffzig menüs für
studenten. ein baum. blattlos. teich schlamm. und nah-
verkehr gesperrte parkwege lehm und vögel. und drüben
die platte. dreistöckig zehnstöckig dreißigstöckig. mit wenig
dazwischen. mit goldenen fenstern jetzt. mit sonne im
westen. bewohnt. der vorplatzverkehr. verbotsschilder
spielplatz und brücken. und laubboden. talsohle. bleiluft.
zurück. man steht. terasse. man kann nach osten blicken.
ohne dann lauter zu werden. mit händen und kamera
lächelnd. elbufer überall. im osten der damm und im
westen die sonne. man spielt mit den schlangen. man ist
wieder. wer.

Stan Lafleur | **moewen**

es sind dieselben moewen, deren vorvaeter
als mitlaeufer unter den nazis dienten (wie
jeder) unter der groszen sturmflut litten

man soll das mal nicht ueberbewerten
dieselben moewen, die in der luft kleben
wenn man sie in den gegenwind wirft

& drueckt man ihnen auf den magen
kreischen sie nicht anders als frueher
weil der weite himmel über ihnen ja

nur ein winziger ausschnitt dessen ist
was sie ohne zu begreifen durchstreifen

Markus Roloff | **waten im verdachtsgelände**

breitscheid- ecke twachtmannstraße altes rosa
(genossennelke) mitgliedschaften (der andern)
übersprungene klassen (der andern) seemanns
garn im abgestandenen schlosspark (blablabla) nach
schulschluss (sport) lagen die bäume auf bänken
parataktische fehlleistung & hyperaktive schübe
suspektes schweigen am vorabend & abgefummelte
briefmarken (sammlung) oder samstags am glambecker
see (ufer) gab es auch kein erwecken (aufstehen).

Daniel Falb

I

foyers oder lobbys, in denen die zahlungsbereitschaft
                          für ein simples glas wasser steigt. steppen.
jede einzelne abfahrt hat hier einen namen.

        suite oder verpuppung unserer interessen,in ihrer ständigen
vertretung, dieser abfolge von behälterräumen,
                          die levels bildeten, aber sich gleichblieben.

levellers, vorräume der entscheidung schließlich, aber lobbys
                    von lobbys. die abgeordneten checkten gerade ein.
assistenten warfen büsche ins bild.

     ich dachte an arterien ohne venen. wir fuhren immer geradeaus.
dealing with concepts, you know, like playing cards.
                          die unpolitischen landkarten.

es wurde auch mit emissionen und niederschlägen gehandelt, die
                                          nicht abliefen.
wir arbeiteten hier wie synchronspringer.

        spritzen war zu vermeiden zwischen der bar, dem tiefschlaf
und seinem entzug. verschiedene saunen und bäder,
                    schon von der autobahn aus angezeigt, und weiter.

man konnte auch schwimmen gehen, im landwehrkanal,
                                  die fahnen hinter sich.

Angela Sanmann **| haus ohne einheit**

jonass schirach pieck • wer hat die reihenfolge
ausgesucht • gedacht • nicht auszumachen • das
licht in den fenstern • weiß getünchtes glas • ein
widerschein wiederholt sich • an dir • stillgelegt
außer betrieb gesetzt • (städtebauliches juwel)

Markus Roloff █ **mein gleiwitz**

die großen ferien vorher & jetzt / das weder-noch-
licht morgens um sechs // am 1. september das in sich
verdrehte nachthemd / ein alptraum der in den kissen-
falten klemmt // vom schrank stürzender mauersegler
eher ein sprung / (eine rückprometapher) wie unter
der bettdecke die dämmerung // & hinter dem kinderzimmer-
fenster die schule heimat voll leerer idole & wasser-
pistolen / fängt an am tag des überfalls auf polen //

Thomas Kunst █

Die jungen Bücher auf den deutschen Messen,
Historisches Gelächter, Liebesnot
Mit altem Grenzverlauf und schlag mich tot.
Die Flucht aus zweiter Hand wird ausgesessen.

Wenn ich es sage, hört die Sprache auf.
Was sich in Hallen windet, kriegt kein Blut,
Romane ohne Überzeichnungsglut,
Moralisch sauber nur mit Kriegsverlauf,

Vergangenheitsromantik, Diktaturen.
Ich habe keinem Land je nachgeheult,
Und diesem hier schon gar nicht, zum Verrecken,

Da braucht man keine Heimat, höchstens Huren,
Chemie und Schnaps, die Taschen ausgebeult
Mit Schlüsseln, letzten Münzen und mit Schnecken.

Florian Voß **Alpdruck**

Der deutsche Himmel ist auf Puffreis
dahinter lauern Nazi-Engel

Die Rothaarigen sind immer schuld
In jeder Kneipe steht ein Elektronenhirn

errechnet jeden Mannes Chancen
noch heute in den Himmel aufzufahren

Dort wartet dann des Führers Braut
verteilt Coupons für Zahnhalsfäule

Norbert Lange **Ode an die Freude**

Old friends, von Statur, und Frisur
er ähnele zunehmend mehr der
äusseren Gestalt eines SA-Mannes.
Ohne Histörchen läuft sowieso
nichts wie hin zu C&A. Das habe
ja mit Wahlen nicht zu machen.

»Und wenn hier einer Sudelpreusse ist
dann bin wohl ich: W E S P E N P R E U S S E
nämlich«, *lacht*. Stiche leicht, in die
Kopfheit, eingepickt, *(ein Kranz aus Strahlen
hinter einem blanken Schwert)*'s Tattoo
macht scharf: den Pausenhof.   »Coole Boots!«

Punktgenau zum Pausenzeichen endet so

Was die Mode streng geteilt   [...]   das Weltgeschichte
Blond auf Braun auf Schwarz, dass die Köpfe
allein vom Pauken, in den Bänken brennen.
»Warum gehören, Rudi, uns die Ostgebiete nicht?«
(Zwanzig Seiten Strafarbeit)

Hinter dessen Augen die Vitrinen (*ausgestellte
Devotionalien der* SS) ein volles Blick
gestochenes Nest der Lehrer das Brillenputztuch zückt
reibt und tränt   »Habe selber britische Verwandte«

und Hemd offen: die Einschusslöcher Mare
LEG DEN FINGER IN DIE WUNDE   aus der Eifel
um die ein grauer Flaum den Gang
in einen finstren Wald beschreibt.

Eifeltage, im Hunsrück Tage
die den Schülern »mach die Funzel aus«, das Wandernlernen
einfach machen, und über Köpfen, Hitze fällt
auf das Radar: der Wald in Flammen stehen kann.

Flugasche oder andere Reiseziele
auf dem Schirm ein *Ping*: Discman Rudi und der Reisebus
als Focke-Wölfling Rückfahrt nachts, der nimmt
den Weg, den Weg zurück allein nach Engeland.

Franzobel | **Deutschland marschiert**

Es dampfte das Entgegenkommen, Mensch
mit Wandervereinen, Pokalen gesteinigt,
als man noch schlechte Kragenknöpfe hatte,
mit Schmerzen ging, um die Zehen Watte,
da man noch nichts von Pediküre geahnt,
Blasen, als ob das Erdreich jählings zerrisse
und Schritte linkshin zur Fläche
ekligen Leichnams Schwarzfinsternis,
Gesichter, todmüde, fertig die Nacht,
die halbvollen aus unendlichen Rücken
kommenden Blasen, die stinkend im Schritt
und faulend noch schreien:
Deutschland marschiert.

Sabine Scho | **hot magenta**

körperfund im slip, klammer
auf – clearance sale – klammer
zu, we were talking about the
whale, if you do not see
the animation, klick here
ein beau vor der gardine
notably pale, oder ein unwürdiger
tod bei lachs in der springer-
kantine, was ist so falsch
an farben? der hohe weiß-
anteil? das absolute gestör?
der *farbtest rote fahne* am
rathaus schöneberg? für
die darsteller gibt es noch
essensmarken und flaschen-
große assemblagen in nah-
aufnahmen zum cocktail

Markus Roloff | **zu hause hoch zwei**

ein paar aus den wolken
fallende jahre unter der schulbank
wie senkblei ein zweck ein kalendarischer
zufall dass ich mich bücke (zu hause
hoch zwei) zwischen teekannen &
westtanten nach ihrem antrag auf
einreise wieder kauend an einem
idiotismus von jugend an einem
verballhornten maitag (jahrzehnt)
vorher falz leiter an halbspäne (werken)
nachher wetter melancholischer harz
an gekennzeichneten bäumen & frühstück
FREIE ERDE (vaters zeitung) wie
er sie es ohne boden (volk ohne raum-)
reise zehn koffer handgepäck nichts
als ein unfall des datums.

Daniel Falb **I**

das wollte ich nicht, aber die finanzkrise der kommunen
hatte auch diesen autobahnabschnitt erfasst:
      wie sich die *gelben engel* inzwischen selbst reparierten,
bei völliger dunkelheit, diese insektenhaft nach außen gestülpte
      intelligenz. wir wollten das hier überhaupt nur aufbauen,
um es hinterher wieder abreißen zu können. vorerst
      lagen die raststätten jedoch zu strategisch, in die landschaft
geschmiegt, als daß man sie ohne weiteres hätte nehmen können.
      schwankend aussteigen, um zu helfen, hier war übrigens nur
eine tragfläche abgerissen, sonst alles in ordnung. dann sahen wir
      clausewitz von hinten, auf seinem rücken bewegte sich etwas.
radwechsel ... äh.
es gab da so viele truppen, die wir vergessen hatten, kleine truppen,
beamte, die aus dem fenster geworfen worden waren,
      die luftwaffe konnte sie nicht mehr abfangen,
das wollte ich nicht.

René Hamann | **neue buckower elegie**

unter bäumen sprachlos zu sein
war kein trost. silberpappeln waren es
oder birken, keine ahnung

von botanik, die bäume standen still.
eine kluft zum atmen, die dämonen waren noch da
und ich trennte den engel auf, eine blutspur
zog sich um den see herum, das sterben
in den bäumen, die scharmützel, die bootsattrappen

im lokalfunk herrschte feuchtkaltes wetter
das »ein bisschen auf die stimmung« drückte.
die kehlen schwarz, die sätze klischiert

übereilter abmarsch, abgebrochene zelte
die ästhetische revolution war nicht länger haltbar

das distanzschwein winkte uns hämisch nach
in mesotrophie trennte ich den engel auf
in lungennähe, wo ich schon immer hinwollte
lagen die wolken im himmel wie flugzeugträger

Marcel Beyer | **Fell**

I

Ein Grün, mit Blau gemalt, sagt
Viktor Schklowski, ein Blau
als Grünerinnerung ist Dresden.
Dir geht (»Fell, Schwester,

Fell«) die Stimme hoch, wenn
du müde bist und klammerst,
wenn dein Allesfresserblick
sich im Areal verliert. Katzen,

Schäferhunde, Sauen arbeiten sich
durchs Revier: soll man
füttern, soll man schlachten?
Die Aufnahmen aus erster Hand,

die trägen Männerkiefer und: der
Boden hier wird glatt
gedielt. Erinnerungsblau
hält einer noch die Stirn ins

Knochenlicht, einer verglüht,
einer verschwindet in
der Strahlenkammer. Dann
wieder Grün im Kopf: es tagt.

II

Fünf Tage und fünf Nächte, nein,
ein Vierteljahr bald rauchen
die Ruinen vor sich hin, und
anfangs fließt der Fluß in falscher

Richtung. Nichts als Details am
achten Mai, entscheidend
ist die Sprache. Die Elbe
da, und ohne Wimpernzucken

in den Aschenbecher reingezoomt,
das ist ein Bild, das wäre
wenigstens gerettet. Und jetzt
Major NATALIA SOKOLOWA

VOR EINEM REMBRANDT, ein
Klassiker, ich sag mal:
zauberhaft, und: alles stimmt.
Improvisiert die Damengarderobe,

dann die Leuchtgestalt: »Hier, meine
Schuhe müßten Ihnen passen.«
So stöckelt man mit seinen
Waisenkindern in die Trümmer rein.

III

Was spricht der Persianerpelz?
Hier steht der Kindergarten,
dort das Magazin, der tiefe
Mauer-, Putzton leuchtend grau,

fast knochengrau, mit Haut, und
was für Szenen, Kopfgebäude,
am Hirsch hängt hier doch
alles, weiß ich, Parkhotel. Ich

zieh, nur unterm Russenlüster
aufzusagen, ziehe dir – wenn
du müde bist und kratzt,
fange ich schon an zu flimmern,

bleibe still auf meinem Platz, nicke
ins Folklorezimmer, bin
verschwunden, bin vergraben,
frisch gebürstet, feiner Strich,

(»Pappe«, »Nagespuren«, »Achsel«)
während du noch mit mir
sprichst – mein Knackerdeutsch,
ich zieh, ich ziehe dir das Fell.

IV

Natürlich Nacht, natürlich Schnee,
der Dolmetsch hält sich,
der Durchleuchter, schwer
zurück, unübersetzt bleibt so »ich

schür hier gleich den Rassenhaß«,
spontane Diagnose: Mat,
was sich in etwa mit »ich
werde bald zum Ruckzuckmann,

mein Lieber« wiedergeben ließe,
unübersetzt bleibt auch
»ein Wort noch, und ich
dekoriere um«, was ungefähr

»hier gibts gleich Tote, schätze
ich« entspricht, auf
Draht, im Flüsterghetto,
simultan, bei schlechtem Licht.

Und klar, die Birken bis zum
nahen Horizont, die
Hasenspuren, und am Rand
steht unter Fichten mein VW.

V

Wir sehen den Wald an und tragen
das Bild mit nach Hause,
klamm. Tapete: Sonnenblumen
und Tapete: Farn, keiner macht

hier das Fenster zu, keiner schlurft
im Filz übers Parkett und
keiner wischt. Wer schaltet
den Heizlüfter ein? Wenn du müde

bist und kratzt, wenn die Stiefel
enger werden, rieche ich
das Bohnerwachs, rieche Polster,
Kellermöbel, Klöppeldecken,

Ärmel, Kragen (»Tatze«, »Tagesgast«,
»Matratze«), schaue dir nicht
ins Gesicht, wenn ich müde
bin und kratze. Keiner tritt da hinaus,

ein Strom, Geröll, Elbrus vielleicht,
Gipfel im Kaukasus hinter
der Tannenwand – man ahnt den
Schädel einer Bache: jagen, jagen.

Karin Fellner **I**

schon bin ich eine alte frau
und ess um zehn uhr morgens pilz
soß mit knödeln (fein zerlegt)
schau aus dem kuchlfenster naus
und grüß die türkentaube.

der himmel staubt die dächer ein
mit bierschnee (lasst mir meine ruh)
im radio heißt es kampfeinsatz
und biometrik was ist das
ich zuzel meinen tee.

der petersil am fenstersims
ist mir da lieber und er bringt
erinnerung an malzkaffee
an paradeiserl katzenhaar
und frisch gelegte eier.

die leut da draußen sind begabt
mit technik dividenden und
gemeinem eifer was ich nie
verstehen werde oder will.
das kreuz tut mir jetzt öfter weh.

Thomas Kunst **|**

Ich will Gedichte, die das Land einengen,
Die stur und lichterlos die Sprache nutzen,
Sich vor dem Ende nicht den Mund abputzen
Mit Heimatschwüren in den Satzanfängen.

Die Staaten regeln das, im Osten gab
Es Solidarität, Parteiausschlüsse,
Die Änderung von innen, Blutergüsse
Vom Meiden der Tribünen, bis ins Grab.

Ich will Ophelia um Getränke bitten,
Aus einem Wasserloch heraus, die losen
Verbrüderungen kommen jetzt zu spät.

Die Liebe geht mit unsichtbaren Titten.
Der Tod erinnert an Urin und Rosen:
Falls an der nächsten Ecke jemand steht.

Florian Voß **|** **Volkslied**

Am Brunnen vor dem Tore
vor der Kaserne
steht eine Tribüne
Die Fahne hoch
die Schellenkappe auf
Die Reihen fest geschlossen
ihr lieben Volksgenossen
und immer um den Lindenbaum

Tom Schulz **|** **Weimar Blues**

hinterm Buchenwald die Um
Kehr der Photosynthese, getrimmtes
Gras, Wörter mit kurzen Vokalen

die Abhandlung der Schatten, die Dunkel
Reaktionen, es ist ein malerischer Tag
auf der Palette, ums Feuerwehrhäuschen

ranken Vermessungstrupps, die Richt
Schnur gezogen, das Lot angelegt
Selbstentzündetes im Sonnenglast

die gefühlsanzeigenden Thermometer
schwanken nicht, in Teichen
die Unken, teils rot, teils braun

es schwingen die Verse in Ruhe
die Köpfe der Memoranden taumeln
getunkt ins heillos geklärte Wasser, Klär

Schlamm, Landser in Buchenrauch
getaucht, der fahrbare Genesistisch
rollt vorbei an den Schautafeln

willst du die Rinde tauschen
illst du, llst d
es liegen die Eulen an, lauschen

dem Bruchband der Wolken
der Siegelhand, die zurückweicht
in einem der Restaurationsbetriebe

waren wir Lehrmädchen, ausgezogen
in die Buchenwälder, nackt
zwischen Büchern, auf den Matrizen

mit dem *Dreisatz aus Lüge & Furcht & Vergessen*
die Angst ist eine Winde
wir ziehen die Flaschen herauf

aus dem Jahrhundertjahrgang
wenn der Regen gegangen sein wird
sprengen wir die Gärten, nein

sprengen wir die Gartenhäuser

Angela Sanmann | **hütten, paläste**

winter • aufgeschwemmt • ein pfeiler stakt in die
nacht • stochert zwischen eisenzähnen • lässt tief
blicken • in bronzespiegeln kreist noch immer ein
restaurantgast vom turm gegenüber • sieht quer
durch die stadt • bahntrassen • glas spannt sich
auf • von träger zu träger • spannt zwischen hier
und dort • schleifung sagt jemand • rückbau • ein
zweifel schwebt • fällt • lotet aus

Sprachwohnwagen, Richtung Nürburgring

IV

erkannte den unterschied   am bankomat   stellenb
h des letzten neuen Rohöls   Helikopterquartett mit
g Lang   (telekom 1. zauberkreis)   split   ecke   aus
nacht   Die Türme des Schweigens, Yazd   des feux d
nsellogos · patentpilze   wir gaben einige der gebäud
schöne 38. September   Gehen Sie wählen?   tauben
as ende der arbeit   hartz IV-lied   post-industrial   j
schrift zur peinlichen Berührung   stellt angestellte
se   Vollkontakt   in den kellern neukollns   die best
eine Zitrone   herz der finsternis   moewen   waten
s   haus ohne einheit   mein gleiwitz   Die jungen B
n die Freude   Deutschland marschiert   hot magenta
kower elegie   Fell   schon bin ich eine alte frau   Ich
Weimar Blues   hütten, paläste   Ich muß   Suchbi
timide   Deutsche Terrasse (Suchbild 2)   was mach
im Siegermedium   was ist mit den tieren?   Aus de
angerine   wir sind doch kein jurassic park   Lichter
am & kommentar debord   die, die alles hat   Das M
die Samariter der Nächte   geodätische kuppeln   Gr
unterschied   am bankomat stellenbeschreibung   R
terquartett mit Vertriebenen-Arie   Ode an die Freud
ausfallstraße   berlin schönefeld   die nächste nach
rend des Freitagsgebetes   Insellogos   patentpilze

Marcel Beyer | **Ich muß**

Ich muß hinunter in die Dialekte
steigen, ich bin WIE EIN
PALAST VOM VOLK
ZERSPLITTERT, ich bin

der Hund, der sich vorm PLUS
den Hals verdreht, ich bin
SENIOREN AUF DER
BEAUTYFARM, ein Rand-,

ein Nebenwort, das wird sich
zeigen, wenn ich unten
bin. Die Dialekte, da muß
ich hinein, der Wilthener,

der Landsknecht, der Nordhäuser,
der Ostpreußische Bärenfang,
man muß sie auf Hüfthöhe
präsentieren, und ich, mit

Traktoristenhänden, muß in die
Knie, von meiner eigenen
Niedlichkeit erdrückt. Ich
schrieb, ich Beuteldeutscher

schrieb ein Kilo Räusperware,
ich muß zurück,
ich schreibe
KLEINE SPRACHEN hin.

Von im Rahmen der Terrassentüre, in den Untertiteln *Adjektive*
Darüber stumme Boten, sagen kann ich es nicht genau –
Vielleicht ja summen – in den Plattenspalten liegen winzigkleine
Post-Its, das will sagen: chlorophylgefühlte Blätter
In den Spalten, Reifen die rollen, heftige Asseln, die's Gelände
Permanent befahren,
                         und so richtig heftig anzusehen sind
Niki Lauda + friends – den trüben Kopf umkreisend
's Gelände weiter- und weithin befahren, und in Planquadrat
Um Planquadrat die Gegend teilen. So richtig heftig
Wenn der Regen fällt, zu sehen, heftig insektenschnelle
Fühler, reissende Fahrer, die die Strecke mit ihren schnellen
Superschnellen, insekten-schnellen Fühlern mal,
                                  was kein Vergleich
Mit zögernd vorgestreckten Zeigefingern ist, einfach alles
Alles abscannen, neben langsam nach dem Regen
Sich zu *Dreadnaughts*, wieder aus Verstecken, zu Verbänden
Formierende Schnecken, die ihr kleines Sprachhaus
Mit an Bugwasser erinnernden Schlieren herziehn und verlieren.

Guy Helminger | **Zu Besuch**

in diesem Jahr in diesem ersten letzten Jahr
Kreuzungen Flohmärkte camps nomades
offenes Verdeck Windreflex und Lackschäden
über die der Regen singt nicht übel in den
Rinnen über den Strand wandert Licht und
trocknet Sprachen

Soll ich mich noch bewegen? Soll ich Hunde
essen und vergeben? In den Pappschachteln
ruht der Christbaumschmuck und ein Rezept
für Wild

Aufprall und Kreuze in den Alleen Hast du
Noch Fotos vom Wagen Der muß Schrott
gewesen Nebelhaare Fünfzig Cent die
Lichtung und die Blätter an den Bäumen
sehen aus wie vertrocknete Brotscheiben
Wir regen uns so lange gelangweilt
zwischen Heizung Hafen und PC bis
jemand aus der Ecke »Frühstück« brüllt
und verdunkeln Ich bin so satt!

Dann kommen die Federn gelassen und nun
im Hals Atlantisches Korallenuhren
Suppentöpfe und im Fernsehen singen sie als
hätte man sich nie entscheiden müssen
zwischen Kiemen und Lungen Teer und
Lichtschaum über dem aufgeblasenen Rücken
des Meeres Käpten mein Käpten wo liegt die
Liste mit den Hotels

Ich habe Gedichte gelesen Genau genommen
habe ich die Wahl meine Stimme abzugeben
oder nicht Was danach passiert ja bitte noch
eine Runde Mikado während die Astrologin
sich einen Schnupfen voraussagt und ihre
Putzfrau entläßt

Wen soll ich noch hassen? Wen um neue
Zähne bitten und gesprungene Tassen? Auf
den Festplatten schwimmt die Zeit wie ein
Kaiserfisch das Meer auf Grafikkarte hat
seine Vorteile sagen die Fischer geknüpftes
Netzwerk Petri heil

Stell schon mal die Tische hoch. Letzte Runde!

Letzte Runde! und Abendlandgong der Wirt
ist unberechenbar Dann stehen wir wieder
da mit unseren Gummibäumen und
Klavierkonzerten schlagen die fetten Nächte
leck Großmarktrunde english breakfast
Ich bin so satt!

Sommers werden die Tische nach draußen
geschoben unter die lichttoten Ravegesichter
Frequenzen Volksmund Fischgeruch
Die Wortstämme voll Eigelb sitzen
Männer und Frauen und lösen die Weisheit
würfelweise im Kaffee

Wanderung derweil durch Köln mit dem
Stadtplan von Echternach und finde alles:
Chretins Brombeersträucher und ihren harten
Muschelmund hinter dem wachsen die
Birken in den Herbst hinein und weigern sich
zu rauschen

In der Tiefgarage rufe ich: Ich bin Dichter
dichter kann man gar nicht sein! Ein Koloß
lausiger Libellenfreund Koloß Das mag
bescheiden klingen in diesen Tiefen ist aber
trotzdem von mir.

Nadel und Alraune Nacken und Asphalt Es ist
so traurig was du sagst und sagst es noch
Sollen wir jetzt Zeitung lesen oder buddeln
wir ein Loch?

Im Park zupfen die Gitarrenspieler an meiner
Geduld. Großraumgedenken mit Mahlzeit
vom Grill und Ruhe! Die Jungfrauen singen
jetzt ist das Lametta nicht mehr weit der Weg
seit zwei Tagen falle ich schon und warte auf
den Aufprall Darin unterschieden von meiner
Umwelt Öl in den Jeanstaschen und sprach
in Zungenloops das arme Tier den Regen
plötzlich aufm Brillenglas und wattefußfreundlich
Vorsicht Senfbacke ich weiß wo John
Wayne wohnt oder kriege es raus

Hoher Kragen aber erfroren an der Idee der
Kälte Staublunge? Nie gehört!
Frischhaltefolien um die Hüften Motoren
Meskalin was wirklich zählt ist die Farbe des
Geschenkpapiers das Schirmfutteral wenn
man aufs Land fährt sich zeigt zwischen
den streunenden Bergen Dann kommt wieder
der Tod ladengünstig und mit Laufgestell
Seezunge Sprachverdruß Ich bin so satt!

Bibliotheken voll Pollen Parma vor der
Schwelle Die Leser wollen mehr über
Scheidung und Geschwüre wissen höre ich
Prostatagebäck und alle Heldinnen tragen
Namen von Prostituierten Wenigstens das!

Und jetzt alles auf das Kommando unserer
Hebammen!!

Die Stimmen stehen wie eine Wand davor
die Lichtspreu im Geruch der Urinschäden
verbales Strauchwerk indigo und fragt:
Bist du von Wind? Bist du von Wind?
Ja ich sind!
Und habe bereits mehr vergessen als du
je lernen wirst Sackgesicht

Mohnmaschen am Quai gesalzene
Maulwurfspieße weil du nicht wegkommst
Mädchen alte Korrespondenzen zieren
deinen Unterleib und meine Zunge Auch hier
Laminat und Zitronenlimonade der schmutzige
Geruch des Sterbens

Der Reiseleiter treppabwärts mit
Buspigmenten vom Unfallort und daß es
weitergeht und daß es weitergeht
Geht weiter!

Die neue Regel lautet:
Es ist verboten in die Kreissägen zu beißen!
Ansonsten freie Fahrt und CD-Roms für alle!

Wir finden uns ab,
fischäugig,
aber mit Datum und Unterschrift.
Wir kaufen uns neue Stühle.

Wir legen uns Lieblingsbeschäftigungen zu
und finden eine Lösung
für volle Staubsaugerbeutel und Einsamkeit,
wir glauben an Gustav,
das Kaninchen, und Lyrik,
sagen wir andächtig.
Meistens essen wir Wurst.

Es wird schon,
es läuft im Radio,
Gesetzesentwürfe und Polituren,
wo sollen wir unser Kreuz machen,
wann uns die Köpfe abreißen,
Waschmittel, Verhütung, Senf,
und ja, wir glauben,
unseren Möbeln geht es gut.

Timide, timide. Wir müssen über
Burschenspucke sprechen,
über die Wilgefortis, Kumerana,
Ontcommer, Hulpe, Kümmernis.

Über Nasalstriche. Das Geldrische.
Über Bastarda. Eine Hand. Und
über Schlaf. Das bleiche Licht
vom Niederrhein, Frühsommer

fast, die Ginsterblüte, man hört
den Falken einen Falken
locken, Kaninchenhaar, sagt man,
schmeckt süß. Rasch auf die

Autobahn. So wandert sie, die Bärtige,
der Wandertheorie zufolge
den Rhein hinauf
bis in die Schweiz, nach

Südtirol, geht Zeichen machen.
Spricht. Wir sehen ihre
ungenagelten, beschuhten Füße.
Timide, timide – Thomas a Kempis,

apokryph. Nein, das sind keine
Frühstücksflocken im Gesicht.
Wir wachsen nach. Wir sind
des Fieberns und Sedierens müde.

Werbeeeunterbrrreeechchchuuung! Asseln heftig dies
GELÄNDE, nur echt mit den neuen Reifen, unablässig
ihre Profile zureiten – wozu sachlich die Stimme schwebt:
links & rechts über der Terrasse: *»Sie sind versichert«* –

und durchjagen durch den Windkanal; am Streckenrand
bleiben stehn mit winzigkleinen Fahnen überm Kopf,
Ameisen winkend, aufm andern Sender dieselben Fühler
taktisch schaukelnd zur Musik im nächsten Video
                                        klick! :

sehr viele Pferdestärken, Cockpitsicht: an der Bande weiter
auf der Fernbedienung rasen, schalten in den Graben:
wo die Heldensynchronstimmen, *»Ich krieg dich Achill!«*
in neueren Körpern aus den Boxen schlüpfen, *Feuer!*

Kreuzfeuer! in allen Richtungen gegen eine übermächtige
Armee von Asseln: *»Hören Sie die Nachrichten?!«* –
so prasselnd beschreiben Garben die Terrasse; Kreuzfahrer
in Kippenkrümelregen, als wär das Drinnen Draussen,

der TiWi die ganze Welt. Da, was die Welt *Senderstörung*
… im Innersten … und steht alles, so werden Scipio & Co
über Wüste auf den Sandalen- und Terrassenfilm gelaufen
kommen, Phalanx oder Panzer – *schmeiss'n Grill an!* –

zünd dir eine Kippe an!; denn Karthagos Schneckenkombo
ist ganz sachte auf dem Weg zur Küste deiner Wohnung;
gib Gas! ist kurz vor *Schluss*, vor der nächsten Unterbrechung
knapp bevor, wuchtigere Laser, Natur übernimmt;

tritt drauf! entkomm deinen pflanzlichen Feinden, warte auf
wenn nachts dieser Mond mit prächtigen Kratern (rechts
oben im Bild) seine 0190-Nummern wiederholt!

übrigens, ich habe begonnen, schlimmes zu wollen.
das trifft dich nicht mehr. aber mich trifft es.
ich werde von unterschiedlichen altern durchquert.
in keinem davon macht mir irgendwas etwas aus.
daher sehe ich alles genau so, wie es ist. konturen.
innerlich ausgegossen, vollgesogen mit gift, mit honig.
mit zorn und vor ergebenheit fickrig. keiner versteht.
nur die frauen verstehen. nur die frauen sind gut.
die frauen sind sogar sehr gut. die frauen sind
auch sehr schön. die frauen haben schöne seelen.
die frauen tragen schöne schuhe. die frauen
werden immer mit mir sprechen. die frauen bleiben,
wenn sie auch das land verlassen. die frauen sind da.
ich spüre bei den frauen eine wachsende bereitschaft
zur gewalt. die frauen vergrößern sich endlos und gehen
darüber hinaus. wir posten fotos von unseren fotzen.
es wird egal. was wird genommen, was gegeben.
ss entspricht sich nicht. schreiben. schicken.
weitermachen. schreien. nicht verständlich sein.
am cap finisterre der empathie. wir sind am end.
indes gewinnen aber die träume an realismus.
denn die tagesreste perpetuieren. sie setzen sich
fortwährend durch, wenn auch die inhalte wechseln.
in einem traum warst du hier in berlin, da stand ein zelt,
da warn bierbänke, da hab ich dir vor die brust gehaun,
du bist gefallen, dann hab ich deine tasche getreten,
mehrfach, mit entsetzlicher verve. da sagtest du, hör auf,
ich bin doch gar nicht wegen dir hier. da waren dann
auf der anderen seite der bierbank nicker und abnicker,
die sagten, genau. er ist nicht wegen dir hier. jetzt lass das,
und ich fands im traum so schad um meinen schönen zorn.
du aber warst jünger und sahst aus wie josef der täufer.
gestern im traum die schwarzhaarigen hatten rote haare
und hohe wangen, überall war kupferflaum, dahinter adern
angerötet, aber sie waren und blieben doch schwarzhaarig.
hilfloser applaus. im publikum wird jetzt *despair* ausgelöst,

das ichbild mit füßen getreten, dazu irgendetwas gerufen
und sexuelles zucken markiert. das ganze sehr handgreiflich.
die wunden trägt man als broschen. wir machen löcher,
wo keine waren, und wollen da mit unsern schwänzen rein.
das alles wird bezeugt, die stenografen tragen halter,
an denen man was befestigen könnt, so man was hätte.
später fällt konfetti und kunstrasen. dann gehn wir nach haus
und sitzen am fenster, als gäb es die romantik noch.
und das alles an einem einzigen sonntag. das machen
die frauen. ja, kannst du mal sehen. UND JETZT DU!!!

der unterton, gerede
verzerrt und entstärkt
»berge von theorie
was ich nie wollte«
ich habe mich doch
mit dem kopf gewehrt
»8 tuben polycolor
(schwarz und tizian)«
»mehr haben sie nicht?«
sollte! farbfamilien
merkt man sich
wie ein garstiges gesicht
noch dazu voll unecht
verbraucherschutz zählt
»2 pornos (irgendwelche)«
und ein abspielgerät

urbinos venus, nur seiten-
verkehrt im *abonnement*
beschämend schön im kopf verdrehen
erschöpftes geschlechterverzeichnis
die lieben sich, das kann man sehen
das wäre mal ein begreifnis von echtem
verstehen und was es bedeutet, wenn
körper kassibern. wir gehen. hier, deine
sachen. das ist nicht zum lachen, ist es
wohl, na gut, ich kann dir nicht sagen
dann lass es, aber, lass es, ich besorge
uns jetzt die zwischenmalzeiten und fütter'
den kleinen köter

wenn wir nicht schlafen können, zählen wir
die Rettungswagen, die an den Krankenwagen, in denen wir uns
  befinden,
vorüberfahren.

wenn wir nicht schlafen können, leuchten wir so
als wäre Dunkelheit Licht.

wenn wir nicht schlafen können, zählen wir die, die nicht
schlafen können.

wenn wir nicht schlafen können, stehen wir auf, um diesen Zustand
kultiviert auszugestalten
als vielleicht hohläugige Heideggerkeit.

wenn wir nicht schlafen können, beobachten wir
die gähnende Lokalpolizei unserer gähnenden Körper bei der
  gähnenden Lektüre
gähnend spannender Dienstanweisungen.

wenn wir nicht schlafen können, dann rezitieren wir die zwei drei
vier Zeilen der zwei drei Gedichte, die wir kennen.

wenn wir nicht schlafen können, sind wir kleine Tretboote Potemkin.

Monika Rinck | **was ist mit den tieren?**

jetzt, wo es klar wird, betrachte mein tier als gekocht.
futro. das fell. es schäumt und es siedet, die hitze
der gabeln, das lappige tierchen. wie hießen die mieter,
die mieter, wie hießen die mieter? das löst sich. wird locker.
herausgeschaukelte balken. etwas verdammt noch mal
übergestülptes, von grund auf verbocktes. es ist ein fiasko.
das blonde, strohige dach. wie es dengelt. schlägt sich
im wind mit dem wind rum, ein prügel, ein grollen.
ist vielleicht etwas zu retten oder zu löschen? brennt es?
muss man die tiere evakuieren? im letzten moment noch
den flammen entreißen? nein, ich höre nichts schreien.
nichts ist mit den tieren. das heißt, du kannst endlich ruhen.

Björn Kuhligk | **Aus dem Funkloch**

Im Gehege die Hasenaugen auf Alarm
die Pupillen flattern rechts, links, rechts
hat man keine Wahl, wenn man
eine hat, spricht man mit dem Hund
dessen Hals mit einem Zwinger tätowiert
aus dessen Schlagader Deutschlands
Grubenlampen flackern, flimmern, leuchten
in der Tiefe des Raumes klicken die Bewegungsmelder
die Bäume, das Gras, soldatisch, die Schweine
im Hänger, sie treten dagegen, der große
Wagen steht oben, wir fahren weiter

SChnecken sind Richtung Canossa auf dem Weg
an den Sprachwohnwagen gespannt; Richtung
Nürburgring: dichter Stau auf der Parteitagsstrecke.
Dichter Stau auf der Parteitagsstrecke;
den machen wir
zur Schnecke.

SChnecken, *das Bild gekapert bis hin*
zur Schnecke; senden Mittelwelle Schnecken sind »*in*«.
Dies-ver-kün-det, der Verkehrsfunk zuverlässig,
am Rande Hessenverbrennung, schläft der Kopf den Randstreifen ab
spult Wolken vor den Mond.

UNd schleift *dub dub* die Gehöreingänge geschmeidig;
und sendet in Gehöreingängen, die aufgehn mit etwas *country music*
    deutscher Art,
keiner weiß wohin: während Schnecken, seit September Punkte hoch
mit Schnecken, in die Höhe geschossen sind;
spult Wolken vor den Mond.

SPult Wolken vor den Mond;
dieweil *dub dub* die Festspielleitung auch in Notfalltelefone sendet:
wider Nacht und Autobahn, »*Erwach', Natur!*«.
Und Randstreifen spulen Standpfeiler BASF und Mond
ins knackend Etikett zu ruhn'.

KNackend im Nacken, vom Bild von Bildreportern
ganz zu schweigen: nicht das Ohren sehend Sehnerv gähnend werde;
läuft ein Stern mal wieder auf *äusserste Kalauergefahr:* sei »Schnecken
    dein Schild!«
auf winzigen Sequenzen reitend wie Fühler
Auspuffgas ins Land abdrehn.

eine tür, was für ein gebrauch
ein schloss, scharnier, kragen-
stäbchen, damit misst man
stahlzargen aus, beton, akten
und, ja, akten. »so machen wir
das licht aus«, auf stapeln von
papier, grauen ist aber auch
eine farbe, betont sachlich mit dem
besenstiel, beinahe wie zuhaus, nur
höher, der dritte teil des karma-
spiels fiel raus, *no alarms and*
no surprises, ein korridor, was
für ein schlauch, pizza aus der
plätzchendose, und da draußen
wird es immer weißer, an weih-
nachten, heißt es, sei das so brauch
glitzerzäune, ein letztes umschlussbier
but, please, couldn't you *let me out of here*

umdüstert, gestört
in angesicht des seniorenklubs
eine frau im gelben hemd. lose
sätze, die post kommt nachts.

aufblicke im einkaufsparadies
aufbrüche in den neonstraßen
eine jugend ohne fernseher, eine welt
ohne untersicht, ein atemflausch
empfindsamkeit. staubkörner, barbiturate.

vor dem schlossimbiss
lauert das korps der rache, stimmt
die selbstwahrnehmungsinstrumente
pflegt die kopfsteindecke, das matratzenformat
und hält die käferaugen ins licht.

puschelmikro, nemesis.
die uhrzeit ist falsch, die atmospur
längst im kasten.

Guy Helminger | **Lichter**

Beginn Begonien aufm Zimmer
das ganze Metall Ringen eine
ungeölte Verkettung der Anästhesist
zum Beispiel hatte Schluckauf im OP
im Takt der Wehen meiner Mutter
Schleimsaugen bis zur Sprache die
plötzlich um die Kittel spritzt

Ab da leben Menschen nicht so
einfach ab da sterben Menschen nicht
so einfach Sie treiben so dahin
in Baggerseen in Betten und gestreiften
Hemden gehen mit der Zeit
lichtverschorft und wachsen mehr und
mehr in ihre Schatten

Aber erstmal Rotznüstern erstmal
Laufen lernen und den Müll runter
bringen milchtaub in den Morgen

Im Winter Nebel in den Hüften und
sommers vom Licht versohlt in dieser
Wiese wo die Erinnerung mit
abgeschnittenem Kopf liegt wie der
erste Maulwurf den ich sah
Fellfetzen: Verbaldextrose

Dazwischen nichts oder vergessen
die Erfahrung des Zeltens ist dreieckig
massives Zungenschwingen und
aufm Leinen die Abdrücke der
Gewissensbisse während von oben
nun das Licht kam wie ein Rottweiler
Bierschaum Haarwuchs und Haldol

Meine Herren Sprachdeputierten
Hier bin ich! Also auf zur Promenade!
Links der Sand gegenüber die
Choreographie die ich fürs Meer schrieb

Narben und Nahtstellen Ihre Augen aus
dunklem Zwirn darunter unsere
texturierten Stimmbänder aber die
Ahnung ist bereits wie ein Notausgang
auch wenn die lautlosen Flüsse baff sind
über unser Geschrei das Licht trägerlos
liegt und hingeschliert im frühen Gras
was sage ich das Nichts nimmt langsam
Form an so viel wie wir davon reden

Als man bei meinem Erstgeborenen die
Herz-Lungenmaschine abdrehte hatten
wir ihn im Arm Später saßen wir
sprachverhagelt das Jahr ab dann noch
eins und noch eins und jedesmal wenn
Gott sich betrank mußten wir brechen

Ich treibe Stollen ins Gesprochene
aber deine Unterwäsche hat nichts
mehr mit meinen Träumen zu tun
säurehemmende Mittel zum Malt
und Gänsehautprothesen Fado
Fernbedienung und Fette schon jetzt
legen wir uns nachm Bad ins frottierte
Licht und warten auf die Unterstützung
unserer Lippen in Zeiten wie diesen
wenn Rehe aus Glühbirnen in den
Fenstern springen und das Land hart in
die Tage geht Stollen in der Luft (wenn
auch nicht die erwähnten) und Fälle von
Gelbfieber durchsichtig wie der Schein
unserer Tischlampe am Abend

Also wir sehen uns dann
in den Todesanzeigen

Thomas Kunst

Wie Heidelberg dahinten artig glitzert,
Mit seinen leeren Haltbarkeitsgesängen.
Die Wörter, wenn sie Poesie verdrängen,
Sind nicht mal mit sich selbst genug verschwistert.

Die schreibenden Lektoren und Verleger,
Die selbstgerecht und ohne Scheu diktieren,
Wie ihre Trockentexte existieren,
Bestimmen die Platzierungen von eh her.

Gedichte ohne Studienabschluß zielen
Auf deutsche Widmungssprache, kalkulierte.
Totalausfälle, die ich stets verneinte.

Ach, Heidelberg, wie wirst du mit uns fühlen,
Weil Poesie im Landeingang krepierte.
Die Widmung hier ist eine ernstgemeinte.

Stefan Schmitzer | **so ein pfaffen-*stream*.**
| **& kommentar debord.**

well, kultur-
managment, so neues pfaffentum
auf dörfern, also
übernahmephantasien, traurige
augen, die menschen-
scheisse, psychedelic
kingdom, die da rum-
hängt, das kuhaugen-
tum, noch eine zigarette, nochmal
die lebenszyklen, wie alles
zusammenstimmt, nichtwahr, herr
kulturbeauftragter
der marktgemeinde, das
neue pfaffentum, traurig
oder gehetzt, so sach-
zwang, so budget-
lage, so dreivier ausstellungen
pro halbjahr, so ein
anstellungsverhältnis, was das bringt,
und kennt jeder jeden, blick
ausm wohnzimmerfenster, leuchtet abends
ein dorfplatz, leuchtet nachts
eine erinnerung an städte, und
was dazwischenliegt, leuchtet
wissen, dass es diese oder jene kneipe gab, dass
dieser oder jener schenkel da
in spürbarkeit ausbrach, das
leuchtet, dorfplatz, kennt man
einander, wenn man
aus dem wohnzimmer-
fenster aufn platz raus-
schaut, dreivier kneipen, und
die alternativ-
projekte im land, die
machens, nicht-
wahr herr kulturbeauftragter
der marktgemeinde, die machens

erträglich, trotz des erbärmlichen
niveaus, auf dem die hippies unterwegs sind,
aber erstens das biogras, nicht-
wahr, und zweitens dieser bereich
jenseits der einfluss-
sphäre des christ-
sozialen bürger-
meisters und wirtschafts-
bundobmanns, von dem die budget-
lage vorgegeben wird und der, ein
förderer der kunst, nichtwahr, den posten aus-
geschrieben hat, kultur-
management für die region, da
musst du schon was anderes kennen
als bloss das hier,
herr kulturbeauftragter der markt-
gemeinde, nichtwahr, hast
in paris gesoffen, hast
in berlin gekokst, hast
hinter bukarest den ekelhaften
schwarzen tabak geraucht,
kennst die eisenbahn-
netze und die enklaven von
sinnvoller rede überall in der sprach-
scheisse, kennst das, abwechselnd na-
bokov-träume und familien-
vater-still-vorm-haus-träume, hast dir auch
eine geliebte zugelegt hier, siebzehn, in ein-
zwei jahren und auf dein betreiben hin, da
ist die weg von hier, da ist das aber sowas
von abgefrühstückt, die geht nach wien,
jetzt liegt sie auf der arbeits-
fläche in der küche, nackt, und
wartet die, dass du den blick
aufgibst übern dorfplatz, der
leuchtet, könnte fast ne
kleinstadt sein, unterm himmel, so
würdest du murmeln, unterm himmel
kein unterschied zwischen dorf und
stadt und metropole,

bloss die innenausstattung ver-
ändert sich, und deine sehnsucht be-
ruht auf ner illusionären kategorie, auch
trifft sie nicht die sache, weil die sache, das
sagst du ihr dann auch, die besteht im neuen
pfaffentum, in der unmöglichkeit, geld
abzulehnen, wissen
im dienste der blödheit, coolness
im dienste der monstrositäten, *in der vollständig*
verkehrten welt
ist das wahre ein moment
des falschen, und ziehst ihren einen knöchel hoch,
und hast eine spitze zungen, jetzt
ganz wörtlich, nichtwahr, herr
kulturbeauftragter der marktgemeinde,
und jetzt ists zwei uhr morgens, machst ihr
auch die englisch-hausaufgabe, morgen
spielen sie haydn in der kirche, hast du
eingefädelt, dass das orchester
einen umweg macht, das neue pfaffentum, das
arme schwein, gerade genug kohle, ums
nicht ignorieren zu können, diese
stellenausschreibungen da
überm land, tausche
symbolisches kapital
gegen geldkapital, bloss zinsen,
die zinsen beim rücktausch
werden verheerend sein, morgen haydn,
vorher schlaf
unterm himmel, neues
pfaffentum, und nochmal
vorher mit der zunge
von einem knöchel an
hinab, was haben wir
bei dienstantritt
daheim gelassen, welches wissen
ist uns da entglitten, bruder
pfaffe, in den kleinstädten, beim
dritten achtel rot in gegen-
wart von wirtschaftsbund-

obmännern, was
lässt sich nicht fassen an-
lässlich so einer rede
im kulturzentrum, egal, und
das hast du schon gelernt, egal,
wie du die aufziehst, und dann
schiebt die zunge die äußeren scham-
lippen auseinander, und dann
spannt die geliebte ihre hüften
höher, und das
gleich auch als bild, so
einzelgespräch mit den hoffnungs-
trägern, der rat
zur geduld
und was daran falsch ist, bei der
rede, wo die gemeinde
ihre hüften hebt, unter dem ein-
fluss dieser roten, schönen
zunge da, *in der wirklich
verkehrten welt*, nichtwahr herr
kulturbeauftragter der markt-
gemeinde, gehalt, ge-
schlechtsverkehr, gewäsch, nicht
ignorierbar, *ist das wahre
ein moment des
falschen.*

stift? du hast ein stift. ja, stift ich hab. l'amour und gott
ich hab und armbanduhr und windgewölb ich hab
und fenster auf. rast die schleusentaube, aufgespannte
taubenschlacht, die fencheltee, die schwarze platte
ausgemacht, die wohnungsbrand, aye, aye, verzehrt
mich nicht, die hose runter, wehrt sich nicht, wieso?
die ein- und ausbau, sich zu bessern oder schaden,
dann demselben, auf dessen besserung man aus ist,
wieder schaden, der schlüsselbund, der schlüssel
für die tür am haus, fürcht dich nicht, intensität heißt das,
im neunzehnhunderter gefickt, hier visitenkarte,
meld dich nicht. der flüchtling überlebt das nicht,
an den flüchtling kann ich aber gerade gar nicht denken,
eher dass der taxifahrer kommt jetzt nicht, tote katze,
das ist nicht meine autobahn, ich hab ja nicht mal führerschein,
wie, wo, was? verträgt es nicht, wer? sie! europa meint,
das merkt man nicht, eben, eben, säuerlich. syrisch säuerlich,
helicopter nur für mich. grenzgebiet, ich weiß jetzt nicht.
der ausfall moderiert sich nicht, schlafengehn zu früh
für mich. die, die hier, die schämt, die schämt sich nicht.

Denken wir Verwüstungen, verwünschen die Zeit und fragen,
ob diese junge Zeit möglicherweise reicht
eine Kleinigkeit zu zerstören, da kommst du um die Ecke.
Mit dir ein paar unserer Freunde: deine Arme, die Augen,
die Mäander um die Augen, die Fiktionen, die Formulierung
aller Gedanken zweier Sekunden, klatschen hell auf bei deinem Eintritt.
Nu, was machen wir heut? In welchen Lokalen Strategie,
wo die Zweifel ansetzen bei welchen Getränken, Gliedmaßen
geschätzter Tote, tot sich stellende Messteile, brauchen
brauchen wir noch wenn wir morgen wieder wo durch sind.
Arbeit nun, helle Überlegungen, helle Lippenbewegungen
und die Umgebung, nicht vergessen, kein Zucken, langer langan-
haltender Blick, als wärst du präsent im Verrücken, und wir stürmen los,
zu beiden Flanken deines Gesichts Phalangen von Mutmaßungen,
wenige Nachricht, volle Gewissheit in der besagten, nicht besessenen
durchsichtigen Luft. Vorbei ist gezogen: eine steinichte Bergkette
von Rührung,
staubige Wüsten, wie Postkarten Zwischenzeit, die nun unerheblich,
damals Dünen haushoch, bis zu den Schenkeln einsinkender
    Gleichschritt,
Quecksand, höflich vor der Haustür wartende Gedanken. Nein sie
    wollen nicht.
Wollen nicht eintreten. Nicht ihren Namen sagen. Ich lief auf die
Straße, um sie zu empfangen, sie, Phalangen auf Rädern, verzogen
    sich, es hieß,
(Nein, rief ich, war ein Missverständnis!) ich hätte sie vertrieben mit
meiner Rausschmissmusik, meinen hinschmissigen Politikverschnitten.

Rausch muss alles. Arbeit jetzt, lange richtige Tage, die Kurzweil
übernimmt das Wetter. Wir machen alle Aufträge, drehen sie
zu ausfeilbaren Wendungen, grob zuerst, dann im Kleineren,
nachts, eine Lampe genügt gegen die Helligkeit hinter den Lidern.
Als wäre Schnee gefallen in Angst, streichen wir über Bachmanns Kopf,
wenn sie herkommt nach Mitternacht um eine Sonderschale und
    schnarrt,
sekkieren wir Scardanelli, bis er aufhört und am Rücken strampelt wie
-esk. –esk.

Das ist unsere Nebenarbeit, die aussieht wie Spiel versoffener Kinder:
Kinderglauben, Kinderumbau und alte, alte Gerüste
mit immer denselben dunkeln Vögeln, immer schneller, gebeutelt von
draußen.

Was macht ein Geist mit einer Flasche? Traumreise buchen.
Was eine Flasche mit zwei Koffern? Aufgehen. Was eine Hexe
mit zwei linken Armen? Suppe. Was eine Dichterin mit Klage?
Enjambements. Und mit Liebhabern? Tägliche Enjambements. Dank und
dementieren, mit Blick auf eine Katze im Lokal, begehrlich, gestillt.
Und was, frag ich dich, verdammt, macht eine Dichterin mit Zeit?
Ja das weiß ich nicht. Gott steh ihr bei. Es könnte Vergehen sich
anbieten.

die harte arbeit des reisens - *travel* und *travail* -
erst angelockt, dann abgewehrt, 900 flugkilometer,
pour trouver les enfers. und wo das auge, wie das auge,
wann das auge, wem das auge, wessen auge tränt.
das auge schaumig gehauen - stell dir vor! -
den guten menschen aus mir heraus. so ists passiert,
das heißt, quer über mich hinüber passiert. was bleibt:
hinleging, in den dämmer zurück und daraus hinaus
mit nichtigem gepäck, ich bringe nichts, und ich versichere,
ich habe nichts bekommen. auf den vieren, gemeint
sind die knie, von denen jeder mensch hat viere. vier,
die sichtbar sind und vier in der eigenen demut versteckt.
und die demut dann wieder versteckt, im hotelsafe
oder der hoteleigenen sauna. im sog. sauna-safe.
hineinstaffiert, hinausstaffiert, denn vier und vier sind

vier.

ich nenne dies: gewalt im gewand von schwäche, ab jetzt
will ich alles zurück und wenn einer in meinen augen
etwas andres sieht als verachtung, dann täuscht er sich.
rasende schatten, große bitten und pflichtfreie flaschen
vom flughafen, vom vierfüßlerstand. *travel* und *travail* .

es ging um die Samariter der Nächte, die den Tagen
rote Himmel verpassen wollten. um die, die sich mit
Asphaltpuder bedeckt schlafen legten. um Andromeda-
kinder, die Gendarmerie hennagefärbter Frauen und die
Vereinigung der Kubateure. und so ging es auch um träu-
merische Unterwerfung und Unterwürfigkeit. um Chili-
Erde und Berührungsböden. um den Schnee am Fuße des
Schnees. wie es auch um das in Wasser enthaltene Wasser
ging.

es ging darum, eine molekulare Heimat zu finden.
und darum, für den Weg dorthin atheistische Propheten
anzufordern, sie und ihre schmackhaft bitteren Oblaten
aus Essenz. und sich vorzubereiten auf die Ankunft in
einer semantischen oder einfach nur echten Nova.

darum im Wesentlichen ging es. um das Beheben der
Atlantis-Cluster in dir. um die mit den Bourbon-Jacken,
die im Halo der Dunkelheit auf den Lohn für ihre Arbeit
an einem Harem junger Philosophien warteten. also auch
um den Körper, als Sphäre (Fähre) von Zuversicht.

es ging um die Einrichtung eines Netzwerks von Mini-
sterien für Offenheit, so wie es beinahe immer um Klee-
kristalle ging. die Kleekristalle in deinen Händen, die
jeden Tag von deinen Händen zu deinen Händen wurden.
um die Kleekristalle auf den Friedhöfen der Hilfsfeen
und Assistenztrolle, den Friedhöfen mit ihren sandigen
Fußwegen, Fußwesen.

und es ging sehr auch um die wahrscheinlich Subtili-
tätsingenieure, die Partituren in den Stahlbetonstahl
flochten. dort, wo es um eine Wohnsprache für unsere
Leiber ging. um Gebäude, die rochen, als wären sie noch
nicht gebaut. um unsere Stromkerne und das Gegen-
gewicht Mond mit seiner verfälschten Neil-Armstrong-
Farbe in einem, so nahmen wir an, entstellten
Barbiegesicht.

es ging darum, dass es darum ging. um das Darum.
um das Daran. das Davon. um das Glück in mobilen Groß-
städten, bewohnt von statischen Ichs.

worum es ging, waren aus unserer Perspektive auch (und auch aus unserer Perspektive) sanft übersteuerte Wolken. oder Blüten, die wie Kirschen in Apfelbäumen hingen. es ging um den Dschungel *Zeit*, der sich im Malewitschquadrat unseres Verstandes allmählich verlor. und nicht minder ging es um die elegischen Tätowierungen mittlerer Bankangestellter, die nicht verantwortlich waren für die Übelmaschine, die sie bedienten. nicht minder auch um in Sichtbarkeit übergegangene Atome: die Atome einer geliebten Hand. die Aromen einer geliebten Hand. die Blumen in einer Hand, die zu dir gehörte, auch wenn sie nicht deine war.

es ging im weitesten Sinn beinahe darum, dass wir nicht mehr wussten, in welchem Zusammenhang wir eigentlich von Lakoniknixen und Ikebanamobiliar hatten sprechen wollen. sprechen konnten. hätten sprechen dürfen (wahrscheinlich ›sprechen‹).

jeden Tag ging es um Wolken in Form von Wolken. um die Abschaffung von Monoversitäten. um die richtige Mischung von Störgeistern und Geistesgestörten. es ging darum, dass Zimmer nicht eingerichtet wurden wie für abgerichtete Bewohner. es ging also um eine Gendarmerie unabhängiger Engel, darum, mit ihnen auf Wörtern Wellen zu schlagen, ohne den Rand der Wörter als Strand zu verstehen.

Daniel Falb ▐

geodätische kuppeln, von ungräsern umstanden, gelandet.
wasserfälle und nährende brunnen im erdlosen anbau.

ich sehe die augen,

die den kaiser gesehen haben, nicht mehr. kindergärten,
abgefetzt herabhängende gewebeteile des sozius,
kultiviert binnen tagen wie rasenpartien. und

zahllose dimensionen des parlaments saugten, noch eingerollt,
materie ein, während sie still vor sich hin weinten.

roll aus die blühenden wiesen.

felsquellwasser umspült in dünnem film ihre wurzeln:
die freundschaftsnetzwerke. perser teppich
und trailer park, durch identische ersetzt über nacht. die

haupteinheit der fortpflanzung erstreckt sich landläufig
bis zum horizont, ein gau.

das war die geschichte von aids 1900–1950.

Simone Hirth | **Grüne Gespräche**

Grüne Gespräche, Glatteis,
kein Durchkommen.
Regalbretter bis China,
handgefertigt
und mit Fremdsprachenkenntnissen,
Weltfrieden und Fernsehempfang –
es liegt nahe, es bleibt eng
und es bleibt dabei:
Die Gespräche sind grün,
Pingpongmeisterschaften,
wer zu langsam ist,
beißt in den Hund.

Nachwort

erkannte den unterschied   am bankomat   stellenb
h des letzten neuen Rohöls   Helikopterquartett mit V
ng Lang   (telekom 1: zauberkreis)   split   ecke   aus
nacht   Die Türme des Schweigens, Yazd   des feux de
nsellogos   patentpilze   wir gaben einige der gebäud
schöne 38. September   Gehen Sie wählen?   tauben
as ende der arbeit   hartz IV-lied   post-industrial   J
schrift zur peinlichen Berührung   stellt angestellte
e   Vollkontakt   in den kellern neuköllns   die best
eine Zitrone   herz der finsternis   moewen   waten
s   haus ohne einheit   mein gleiwitz   Die jungen Bi
a die Freude   Deutschland marschiert   hot magenta
ower elegie   Fell   schon bin ich eine alte frau   Ich
Weimar Blues   hütten, paläste   Ich muß   Suchbil
timide   Deutsche Terrasse (Suchbild 2)   was mache
im Siegermedium   was ist mit den tieren?   Aus den
angerine   wir sind doch kein jurassic park   Lichter
m & kommentar debord,   die, die alles hat   Das Ma
lie Samariter der Nächte   geodätische kuppeln   Grü
unterschied   am bankomat stellenbeschreibung   Ro
erquartett mit Vertriebenen, Arie   Ode an die Freude
austallstraße   berlin schönefeld   die nackte nach
erd des Freitagsgebetes   Insellogos   patentpilze

Der Dichtung wird seit jeher eine zeitdiagnostische, gar eine seismografische Funktion zugesprochen. Die Bereiche Ästhetik und Politik können demzufolge in einem Atemzug genannt werden; Gedichte können als eine Art »Schaltstelle«[1] gedacht werden.

Unserer aufs Materielle ausgerichteten Zeit, der Durchökonomisierung und Beschleunigung aller Lebensbereiche, widerspricht die »Lyrik in ihrer spezifischen Langsamkeit«[2]. Poesie fordert das Sich-Einlassen auf Zeichen und Wörter, Poesie fordert Tiefgründigkeit und Durchhaltevermögen. Poesie fordert letztlich eine Verlangsamung unseres Lebensvollzuges, welche bereichernd wäre, denn »Poesie tradiert Zukunft«[3].

Was ist das zeitgenössische politische Gedicht?

Wenn heutzutage eine Anthologie politischer Gedichte herausgegeben wird, drängen sich einige naheliegende Fragen auf: Kann es überhaupt noch politische Gedichte geben, in einer Zeit, in der allerorten von »Politikverdrossenheit« die Rede ist? In einer Epoche, die Ulrich Beck als von einer »Weltrisikogesellschaft« bestimmt charakterisiert? In einer Welt, die den Katastrophenfall im Zuge ökonomischer Expansion billigend in Kauf nimmt? In einer Zeit, in der statt Stabilität und Kontinuität jetzt Flexibilität und Mobilität in allen Lebensbereichen angestrebt wird, eine Zeit, in der nach dem »flexiblen Menschen« verlangt wird (Richard Sennett)?[4] Wie aber spiegelt sich diese Gegenwart im Gedicht wider? Der Literaturwissenschaftler Peter Geist attestierte bereits vor einigen Jahren die »Wiederkehr des Politischen in der jüngeren Lyrik«.[5] Die in dieser Anthologie versammelten Texte geben einen weitläufigen Überblick, auf welche Art sich Dimensionen des Politischen in die lyrischen Texte eingeschrieben haben. Markant bei fast allen Gedichten ist die permanente Bewegung, welche die Bedeutung des Ortes beziehungsweise Nichtortes als ein besonderes Charakteristikum des zeitgenössischen politischen Gedichts akzentuiert, wie auch die englische Germanistin Karen Leeder betont: »Place is important in contemporary German poetry«.[6] Einerseits werden konkrete historische Orte aufgegriffen, andererseits geht es um Nichtorte beziehungsweise Leerstellen wie künstliche Urbanisationen (»Zwischenstädte«) in Form von vorgelagerten Gewerbegebieten und Shoppingmalls, Großflughäfen, Trabantensiedlungen.[7] Deutlich wird ein Ortsbegriff, der meist keine wirkliche Grenzziehung zulässt. Es klingt vielmehr die Verwischung geografischer Grenzen an, der Verlust des angestammten Ortes und die Verschiebung dessen, was der Begriff »Heimat« bedeuten kann.

Die große Anzahl der Texte zeigt, dass im vorpolitischen Raum, das heißt in einem Raum außerhalb jeglicher politischer Institutionen, eine Polyphonie kritischer Stimmen existiert, die ihre Positionen eher intuitiv als diskursiv verhandeln.

So vielschichtig die Herangehensweisen der Dichterinnen und Dichter auch sein mögen, allen gemeinsam ist ein verstecktes oder auch plakatives Moment der Kritik, das beim Leser eine gewisse Beklommenheit erzeugt. Und: Immer wieder aufs Neue werden Fragen aufgeworfen. Das Pauschalangebot einer »Antwort« bleibt aus. Die Gedichte transportieren ein »Lagebewusstsein«. Es findet sich darin *alles außer Tiernahrung*: Texte, mantrengleich, über die meditiert werden kann, zur Überwindung des Nichtwissens, denn, wie Donald Barthelme sagt: »Das Ziel des Meditierens über die Welt ist es letztlich, die Welt zu ändern«[8].

Eine Reise durch das Buch in weniger als achtzig Sätzen
Die Auswahl der Texte sowie die Komposition der Anthologie in vier Kapitel entwerfen eine komplexe Reiseroute. Der erste Teil des Buches, *Helikopterquartett mit Vertriebenen-Arie*, nimmt uns mit auf eine historisch-politische Reise durch das virengeschützte westliche Europa, hinüber an Orte des Balkankrieges, in die fehlbelichteten Straßen Moskaus (»jede nahaufnahme ist ein ethisches dilemma«, René Hamann) bis hin zu den Küstenstrichen der Türkei. An die Türme von Yazd, in Gebiete, in denen ethnische Säuberungen stattgefunden haben, zu verdrängtem Genozid, zu den »Stielaugen des Schweigens. Was mit Einäugigen

geschah, / sagen sie nicht« (Franzobel). In *Stellenbeschreibung* hingegen führt uns Gerald Fiebig vor Augen, dass man keine tatsächliche Exkursion unternehmen muss, um den Wirbel des globalen »Tanzes« mitzuerleben. Mitunter wird sich in Leerstellen wiedergefunden wie bei Daniel Falb: »thematisch hörte man das muster der leer bleibenden / plätze heraus«.

Hier gibt es keine Ankunftsorte mehr, die Lage der Gedichtorte lassen sich auf keiner Landkarte aufspüren. Und: Stefan Schmitzers »paradiesstädte«, leuchten sie noch wie Refugien?

Titelgebend für das zweite Kapitel, *Das Ende der Arbeit*, ist ein Gedicht von René Hamann, worin sich nicht nur ausgebrannte Angestellte, sondern der »sommer krank meldet«.

In Björn Kuhligks VOLLKONTAKT finden sich abends in den Straßen Berlin-Neuköllns ein Irrer, ein Mädchen und ein entarteter Hund (mit Flügeln) zusammen – als Fluchtweg aus diesem sozialen Dilemma bietet der Text eine aberwitzige Spielregel an: »GEHEN SIE BITTE ÜBER PARKSTRASSE / UND ZIEHEN SIE EINE WAFFE«.

Die Reise überschreitet in ihrer dritten Etappe nicht nur geografische Grenzen sondern auch zeitliche: Schließlich geht es um deutsche Geschichte, ein *Waten im Verdachtsgelände* (Markus Roloff) oder wie Stan Lafleur persifliert: »es sind dieselben moewen, deren vorvaeter / als mitlaeufer unter den nazis dienten«. Kulminationspunkte: Gleiwitz, Buchenwald und die Befreiung Dresdens im Mai 1945. Das abschließende Kapitel lässt uns auf einen rasanten und scheinbar fantastischen *Sprachwohnwagen, Richtung Nürburgring* (Norbert Lange) aufspringen mit Transit in Medienkonferenzschaltungen und Funklöchern. Ankunftsort unbekannt. Die Passagiere sprechen von der Beschleunigung in allen Lebensbereichen, vom Leben »in einer reizgesättigten Momentkultur, die sich durch permanentes Krisenbewusstsein gegen Krisen immunisiert hat«[9] (Erk Grimm). Sofern nicht ohnehin für jede Krise ein Gegenmittel bereitgehalten wird, auch wenn sich dieses gelegentlich als Placebo erweist: »wenn wir nicht schlafen können, zählen wir / die Rettungswagen, die an den Krankenwagen, in denen wir uns / befinden, vorüberfahren.« (Ron Winkler)

Zukunftsvision: Mit Poesie zu vollen Haushaltskassen

Stellen wir uns vor, jedes Mitglied des Bundestages erhielte pro Quartal einen aktuellen Gedichtband mit der Auflage, ihn zu lesen. Stellen wir uns vor, abgesehen von dem Mehr an Umsatz, das den meist kleinen Lyrikverlagen zu wünschen wäre, ja, stellen wir uns vor, die Gedichtbände würden von diesen Politikern und ihrer Lobby tatsächlich gelesen. Stellen wir uns vor, jedes Bundestagsmitglied ließe aus diesen Gedichten pro Quartal nur eine Idee, nur ein Quentchen in seine Gedanken hinein und diese neben sich im Parlament sitzen, wenn politische Entscheidungen anstehen. Stellen wir uns vor: was für eine Welt?

Theresa Klesper, im Mai 2009

1   Nach: Leeder, Karen (Hrsg.): *Schaltstelle. Neue deutsche Lyrik im Dialog*, Amsterdam/New York 2007.

2   Geist, Peter: »*die ganz großen themen fühlen sich gut an*« – *die Wiederkehr des politischen in der jüngeren Lyrik*. In: Arnold, Heinz Ludwig (Hrsg.): text + kritik 171, München 2006. S. 101.

3   Hans Magnus Enzensberger: *Poesie und Politik*. In: Ders.: *Einzelheiten II*, Frankfurt/Main 1984, S. 136.

4   Sennett, Richard: *Der flexible Mensch. Kultur des neuen Kapitalismus*, Berlin 2000.

5   Siehe Fußnote 2, S. 100.

6   Leeder, Karen: Introduction. In: Dies. (Hrsg.): *Schaltstelle*, S. 1.

7   Mit herzlichem Dank an Dennis Fuchs für zahlreiche interessante Gespräche und hilfreiche Informationen, die seiner Magisterarbeit *Die Utopie als dynamische Leerstelle in zeitgenössischer politischer Lyrik* (eingereicht im Januar 2009 an der Universität Augsburg) entstammen.

8   Barthelme, Donald: *Nicht-Wissen*. In: Ders.: *Am Ende des mechanischen Zeitalters*, Leipzig 1989. S. 112.

9   Grimm, Erk: *Die neue Schlichtheit in ›Lyrik von Jetzt‹: Poetische Diskursverschiebungen in der deutschsprachigen Gegenwartsdichtung nach 2000*. In: Leeder (Hrsg.): *Schaltstelle*, S. 489.

Biografien, letzte Veröffentlichungen, Urheberrechte

erkannte den unterschied   am bankomat   stellenbe
des letzten neuen Rohöls   Helikopterquartett mit V
g Lang   (telekom i. zauberkreis)   split   ecke   ausf
nacht   Die Türme des Schweigens, Yazd   des feux de
sellogos   patentpilze   wir gaben einige der gebäude
chöne 38. September   Gehen Sie wählen?   tauben
s ende der arbeit   hartz IV-lied   post-industrial   Jo
chrift zur peinlichen Berührung   stellt angestellte
e   Vollkontakt   in den kellern neuköllns   die beste
ine Zitrone   herz der finsternis   moewen   waten
haus ohne einheit   mein gleiwitz   Die jungen Bu
die Freude   Deutschland marschiert   hot magenta
ower elegie   Fell   schon bin ich eine alte frau   Ich
Weimar Blues   hütten, paläste   Ich muß   Suchbild
timide   Deutsche Terrasse (Suchbild 2)   was mache
m Siegermedium   was ist mit den tieren?   Aus dem
ngerine   wir sind doch kein jurassic park   Lichter
m. & kommentar debord.   die, die alles hat   Das Ma
ie Samariter der Nächte   geodätische kuppeln   Grü
nterschied   am bankomat stellenbeschreibung   Ros
rquartett mit Vertriebenen-Arie   Ode an die Freude
ausfallstraße   berlin schönefeld   die nächste nacht
nd des Freitagsgebetes   Insellogos   patentpilze

Marcel Beyer, *1965 in Tailfingen/Baden Würtemberg. Lebt in Dresden.
Joseph-Breitbach-Preis 2008. Er veröffentlichte mehrere
Gedichtbände, Romane und Essays. Zuletzt: *Erdkunde.*
Gedichte, DuMont, Köln 2003, und *Kaltenberg.* Roman,
Suhrkamp, Frankfurt/M. 2007.
»Beyer ist bei den Dingen selbst angelangt, und er hat dafür
eine Sprache gefunden, ... die sich vorsichtig herantastet, aber
unwillkürlich ins Offene gerät. Die Rolle, die in der deutschen
Lyrik lange die Natur eingenommen hat, wird jetzt langsam
durch die Geschichte ersetzt ...« (Hellmut Böttiger, *Die Zeit*)
Fell; Ich muß; Timide, timide © Marcel Beyer

Tom Bresemann, *1978 in Berlin. Mitbegründer der S3LiteraturWerke.
Lebt in Berlin.
Sein erster Gedichtband *Makellos* erschien im Verlagshaus
J. Frank, Berlin 2007.
»Bresemanns Kritik an den Verhältnissen ist subtil – und
vor allem poetisch.« (Miriam Spies, *Berliner Literaturkritik*).
in den kellern neuköllns; stellt angestellte aus © Tom Bresemann

Ann Cotten, *1982 in Ames/Iowa (USA). Lebt als Dichterin in Berlin.
Reinhard-Priessnitz-Preis 2008. Ihr Debüt:
Fremdwörterbuchsonette erschien 2007 im Suhrkamp Verlag.
»Situationen , Konventionen und mitunter ein schlichtes
N E I N sind die Wirtstiere , aus denen Ann Cottens parasitär
pataphysisch geneigter poetischer Eros sich speist.«
(Christiane Zintzen, Laudatio zum Reinhard-Priessnitz-Preis)
S + M 2; das Maß der Verscheißerung © Ann Cotton

Daniel Falb, *1977 in Kassel. Lebt in Berlin.
Lyrik-Debüt-Preis 2005. Bisher erschien der Gedichtband
die räumung dieser parks, kookbooks, Berlin/Idstein 2003.
»Manchmal dringt aus den Gedichten ... der Tonfall des
politischen Kommentars. Die Zeilen scheinen mit dem Klang
einer Radikalität imprägniert, die sich nicht an Aktualität,
Verbindlichkeit und Folgerichtigkeit abnutzt ...« (Gerhard
Falkner)
man erkannte den unterschied; foyers oder lobbys; geodätische kuppeln;
wir gaben einige der gebäude; ich wollte das nicht; © Daniel Falb

Karin Fellner, *1970 in München. Freie Autorin und Lektorin. Lebt in München.

> Wolfgang -Weyrauch-Preis beim Leonce-und-Lena-Preis 2005. Bisher erschienen die beiden Gedichtbände *avantgarde des schocks*, parasitenpresse, Köln 2005, und *in belichteten wänden*, yedermann Verlag, Riemerling b. München 2007.
>
> »Überscharf bilden sich Umrisse ab, weil die Gedichte hartnäckig fokussieren und noch die winzigsten Bestandteile bis zur Schmerzgrenze heranzoomen, [...] die Löschflugzeuge, Gischtgitter und Bushaltestellen und ›über / allem dieses lametta der straßenlampen‹.« (Tobias Falberg, *Ostragehege*)
>
> *schrecklich schön das erkennen; ausverlauf bong bong; schon bin ich eine alte frau* © Karin Fellner

Gerald Fiebig, *1973 in Augsburg. Dichter, Soundkünstler und Verlagslektor. Lebt in Augsburg.

> Zuletzt erschienen die Gedichtbände: *geräuschpegel*, yedermann Verlag, Riemerling b. München 2005, und *Der Foltergarten*. Krash Neue Edition im Stahl-Verlag, Köln, 2006.
>
> »Gerald Fiebig schreibt so messerscharf, als käme er aus Solingen. Dabei kommt er aus Augsburg. Das ist die Stadt Bertolt Brechts; und auch die Stadt Roy Blacks.« (Herbert Hindringer, satt.org)
>
> *Stellenbeschreibung* © Skarabäus Verlag; *patentpilze* © Krash Neue Edition im Stahl-Verlag; *nach der industrie; postindustrial; ein anderes leben* © yedermann Verlag

Franzobel, *1966 in Vöcklabrück/Oberösterreich. Arthur-Schnitzler-Preis 2002. Lebt in Wien.

> Er hat mehrere Romane, Theaterstücke, Prosa- und Lyrikbände veröffentlicht. Zuletzt u. a. *Luna Park*. Gedichte, Zsolnay, Wien 2003, und *Liebesgeschichte*. Roman, ebenda 2007.
>
> »Wenn Alois Brandstetter Franzobel als ›... die Vollendung und die Vollstreckung von Ernst Jandl‹ einschätzt, so kann ich mich dem nach vollendeter, wiederholter Lektüre nur anschließen.« (Rudolf Kraus, www.lyrikwelt.de)
>
> *Die Türme des Schweigens, Yazd* © Franzobel; *Gehen Sie wählen?; Deutschland marschiert* © Zsolnay Verlag

René Hamann, *1971 in Solingen. Lebt als Autor und Popjournalist in Berlin.

> Zuletzt erschienen *Das Alphabet der Stadt*, Verbrecher Verlag, Berlin 2008, und *Berge und Täler*, davor *Männer und Frauen*. Gedichte, gutleut verlag, Frankfurt/M. 2009.
> »René Hamann ist die Vollendung und Vollstreckung seiner selbst. Seine Gedichte zeigen dies in jedem Augenblick: wahrhaftig, kühl und schön.« (Tom Schulz)
> *die nächste nacht; das ende der arbeit; die beste zukunft aller zeiten; neue buckower elegie* © gutleut verlag; *wir sind doch kein jurassic park* © René Hamann

Guy Helminger, *1963 in Esch/Alzette (Luxemburg). Lebt in Köln. 3sat-Preis beim Ingeborg-Bachmann-Preis 2004.

> Er veröffentlichte Gedichte, Erzählungen und zuletzt den Roman *Morgen war schon* im Suhrkamp Verlag (2007) sowie den Gedichtband *Verwanderung*, editions phi, Esch/Luxemburg 2002.
> »In seinen Gedichten will er über den herkömmlichen Sprach- und Wahrnehmungshorizont hinaus auf ein unbekanntes Feld voller Ahnungen, voller irrationaler Schwingungen und »flimmernder Entfernungen«, die mit Wortspielen, Alliterationen und aufgelesenen Redewendungen in verschiedenen Stimmlagen vibrieren.« (Joachim Sartorius, *Sprache im technischen Zeitalter*)
> *Zu Besuch; Lichter* © Guy Helminger

Simone Hirth, *1985 in Freudenstadt. Bis 2008 Studentin am *Deutschen Literaturinstitut Leipzig*. Lebt in 04229 Leipzig.

> »Simone Hirths Gedichte heben sich wohltuend ab vom Leipziger Einer- und Allerlei und sind von der magnifikanten Größe, wie wir sie zuletzt im Spätwerk Günter Eichs angetroffen haben.« (Wilhelm D. Georg, *Der Literarische Bote*)
> Veröffentlichungen in Zeitschriften und Anthologien (u. a. im *Jahrbuch der Lyrik 2008* und 2009).
> *Diese eine Zitrone; Gustav; Grüne Gespräche* © Simone Hirth

Adrian Kasnitz, *1974 in Kwiecewko/Queetz (Polen). Lebt in Köln.
Mitherausgeber der *Parasitenpresse*. Rolf-Dieter-Brinkmann-
Stipendium der Stadt Köln 2005.
Von ihm erschienen die Gedichbände *Reichstag bei Regen*,
Lyrikedition 2000, München 2004, und *innere sicherheit*,
yedermann, Riemerling b. München 2006.
»Adrian Kasnitz ist mir gut gebrühter Texttee. Die Gedichte
lassen sich leicht schlürfen und sickern bis in die
Zehenspitzen.« (Markus Köhle, www.autohr.at)
am bankomat; © yedermann Verlag; *Jenseits der Immobilien*
© Adrian Kasnitz

Theresa Klesper, *1979 in Erding. Lebt als Literaturwissenschaftlerin
und Yogalehrerin in Augsburg.
Veröffentlichungen in Zeitschriften und Anthologien, zuletzt
in: *Sprache im technischen Zeitalter*.

Björn Kuhligk, *1975 in Berlin. Buchhändler und Erlebnisdichter.
Lebt in Berlin.
Mitherausgeber der Anthologien *Lyrik von Jetzt I* und *II* sowie
der Kneipenbuchreihe im Berliner Taschenbuchverlag.
Mehrere Gedichtbände, zuletzt *Großes Kino*, Berlin Verlag,
Berlin 2005, und *Von der Oberfläche der Erde*, ebenda 2009.
»… ein Asphalt-Rimbaud, halb humorig, halb pathetisch …
stets ist es die präzise Sinnlichkeit, die besticht. Das genaue
Hinsehen, in jene Zwischenräume sprachlicher Gewebe, in
denen sich Erfahrungen auf geheimnisvolle Weise öffnen.«
(Tanja Langer, *Der Tagesspiegel*)
*Die Liebe in den Zeiten der EU; Helikopterquartett mit Vertriebenenarie;
Der schöne 38. September; Während des Freitagsgebetes; Vollkontakt;
Aus dem Funkloch* © Berlin Verlag

Thomas Kunst, *1965 in Stralsund. Lebt als Dichter und Bibliothekar
in Leipzig.
F.C.-Weiskopf-Preis 2004. Mehrere Gedichtbände, zuletzt
was wäre ich am Fenster ohne Wale, Frankfurter Verlagsanstalt,
Frankfurt/M. 2005, und *Estemaga*, Edition Rugerup. Hörby/
Schweden 2008.
»Wie kaum ein anderer in der deutschsprachigen Gegen-
wartsdichtung perfektioniert dieser Lyriker … die Kunst,

prägnante thematische Durchführung, kontrapunktisch
gesetzte Störfiguren und fintenreiche Materialvariation in
raumgreifende Ligaturen einzubinden.« (Peter Geist,
Laudatio F.C.-Weiskopf-Preis)
*Die jungen Bücher auf den deutschen Messen; Ich will Gedichte,
die das Land einengen; Wie Heidelberg dahinten artig glitzert*
© Edition Rugerup

Stan Lafleur, *1968 in Karlsruhe. Lebt in Köln-Mauenheim.
Rolf Dieter Brinkmann-Stipendium der Stadt Köln 2001.
Er hat etliche Prosa und Gedichtbände veröffentlicht. Zuletzt:
neue heimat. Gedichte, Krash Neue Edition im Stahl Verlag,
Köln 2004, und *die welt auf dem fusz.* Gedichte, Koall Verlag,
Berlin 2006.
»Stan Lafleur, von dessen blumigem Namen man sich
keinesfalls täuschen lassen sollte, betreibt eine bissige
Aufklärung, die die bitterböse Pointe nicht scheut und es
schafft, die Oberflächenreize der zeitgenössischen Konsum-
und Vergnügungsgesellschaft mit Polemik und einer
gehörigen Portion Sarkasmus zu durchdringen.«
(Jan Wagner, *edit*)
moewen; tauben © Krash Neue Edition im Stahl Verlag;
hartz IV-lied; selbstporträt als werner wiese © Stan Lafleur

Norbert Lange, *1978 in Gdynia/Gdingen (Polen). Studium am
Deutschen Literaturinstitut Leipzig. Lebt in Berlin.
Sein erster Gedichtband *Rauhfasern* erschien 2005 in der
Lyrikedition 2000.
»In seinen neuen Gedichten wird die deutsche Sprache selbst
zur Protagonistin ihrer eigenen Zerstörung, als hätte Lange
in diesen Gedichten die mediale Verkaputtung der Sprache in
ihrer Regelhaftigkeit erkannt und für den poetischen Prozess
nutzbar gemacht.« (Ralf Thenior)
*Ode an die Freude; Suchbild, die Deutsche Terrasse; Deutsche Terrasse
(Suchbild 2); Suchbild 3 (Studioversion)* © Norbert Lange

Monika Rinck, *1969 in Zweibrücken. Dichterin und Übersetzerin. Lebt in Berlin.

Ernst-Meister-Preis für Lyrik 2008. Zuletzt erschienen ihre Gedichtbände *Verzückte Distanzen. Gedichte*, Zu Klampen!, Springe 2004, und *zum fernbleiben der umarmung*, kookbooks, Berlin/Idstein 2007.

»Monika Rinck hat sich diese Berührbarkeit behalten, an jener Schwelle wo Trauer in Trotz übergeht und Trotz eine sprachliche Gestalt annimmt. Denn Sprache kann, wenn man sie auf diese Weise zu handhaben weiß, durchaus Trauerarbeit leisten ...« (Theresia Prammer, Laudatio zum Ernst-Meister-Preis)

was ist mit den tieren?; was machen die frauen am sonntag? © kookbooks; *die, die alles hat; wem das auge tränt* © Monika Rinck

Marcus Roloff, *1973 in Neubrandenburg. Antiquar und freier Autor. Lebt in Frankfurt/M.

Bisher erschienen zwei Gedichtbände: *Herbstkläger*, Connewitzer Verlagsbuchhandlung, Leipzig 1997, und *gedächtnisformate*, gutleut verlag, Frankfurt/M., 2006.

»Roloff bewegt sich schreibend in seinem Gedächtnisraum, untersucht und verknüpft die darin vorhandenen Orte; er formatiert und kartografiert seine Erinnerungen, macht diese zum Gedicht.« (Tobias Amslinger)

split ecke ausfallstraße; waten im verdachtsgelände; mein gleiwitz; zu hause hoch zwei; © Marcus Roloff

Angela Sanmann, *1980 in Iserlohn. Autorin und Übersetzerin. Lebt in Berlin.

Bisher erschienen: *stille, verkaspert* (Parasitenpresse 2006) und der zweisprachige Gedichtband *berliNO allo stesso tempo / berlin. ungleichzeitiges*, La Camera Verde, Rom 2009.

»Angela Sanmanns Gedichte sind präzise ausgezirkelte Miniaturen; sie sind sich ihres poetologischen Hintergrunds immer bewusst. Das ist enorm«. (Achim Wagner)

hütten, paläste; haus ohne einheit; berlin schönefeld © Angela Sanmann

Stefan Schmitzer, *1979 in Graz. Autor und Musiker. Lebt in Graz.
Neben einer Erzählung erschienen der Gedichtband *moonlight on clichy*, Droschl, Graz 2007, und der Roman *wohin die verschwunden ist, um die es ohnehin nicht geht*, ebda. 2009.
»Nun, Stefan Schmitzer muss ja nicht gleich den Großen Österreichischen Staatspreis um den Hals gehängt bekommen, bleibt zu hoffen, denn seine Gedichte zielen nicht auf Mumifizierung oder Kanonisierung ab, sie sind vielmehr ein lebendiger Ausdruck des nicht Vereinnahmtwerden-wollens ...« (Tomas Meissner, satt.org)
(telekom 1: zauberkreis); am bahndamm; herz der finsternis; so ein pfaffen-stream © Stefan Schmitzer

Sabine Scho, *1970 in Ochtrup. Freie Autorin und Übersetzerin. Leonce-und-Lena-Preis 2001. Lebt in São Paulo und Berlin.
Zuletzt erschienen die Gedichtbände *Album*, kookbooks, Berlin/Idstein, 2008, und *Farben*, ebd. 2008.
»... präzise entwickeln die Gedichte aus flächigen Bildbruchstücken soziale, politische und zeitgeschichtliche Sprachräume, – doppelbödig und widerhallend vom Aufeinanderprallen der Gegensätze.« (Dorothea von Törne, *Der Freitag*)
hot magenta; best friends; atomic tangerine © kookbooks

Tom Schulz, *1970 in Großröhrsdorf/Oberlausitz. Lebt am Waldrand zu Augsburg.
Mitherausgeber der Kneipenbuchreihe im Berliner Taschenbuch Verlag. Letzte Gedichtbände: *Vergeuden, den Tag*, kookbooks, Berlin/Idstein 2006, und *Kanon vor dem Verschwinden*, Berlin Verlag, 2009.
»Tom Schulz' neuer Gedichtband *Vergeuden, den Tag* ist ein wichtiger Beitrag zur Lösung der Probleme im Prenzlauer Berg ...« (Ambros Waibel, *Junge Welt*)
Abends, im Lidl © Krash Neue Edition im Stahl Verlag; *die Reinschrift zur peinlichen Berührung; Insellogos; Weimar Blues* © Berlin Verlag

Florian Voß, *1970 in Lüneburg. Lebt als Autor in Berlin.
Von ihm erschienen die Gedichtbände *Das Rauschen am Ende des Farbfilms*, Lyrikedition 2000, München 2005, und *Schattenbildwerfer*, ebenda 2007. Zuletzt erschien der Roman *Bitterstoffe*, Rotbuch Verlag, Berlin 2009.
»Es bleibt dem Leser überlassen, seine eigene politisch unkorrekte Lesart zu finden, wenn Voß zwei Zeilen aus dem Horst-Wessel-Lied in sein Gedicht stellt und damit parodiert.« (A. H. Krug, *Scheinschlag*)
Alpdruck; Volkslied © Lyrikedition 2000; *Ode an die Freude gespielt von Lang Lang* © Florian Voß

Achim Wagner, *1967 in Coburg. Lebt als dichtender Bohemien und Librettist in Köln und anderswo.
Auslandsstipendium des Landes NRW 2007. Er veröffentlichte mehrere Gedichtbände und Prosa, zuletzt *niemandem dieser tag*. Gedichte, Parasitenpresse, Köln 2002. *vor einer ankunft*. Gedichte. yedermann, Riemerling b. München 2006.
»Wagner nimmt uns mit auf Miniatur-Reisen. Wir können uns von ihm mitziehen lassen und glauben, dass wir im nächsten Moment am Ziel der Reise ankommen werden.« (Amber Rusalka Reh, poetenladen)
des feux de position © Achim Wagner

Ron Winkler, *1973 in Jena. Dichter und Übersetzer. Lebt in Berlin.
Mondseer Lyrikpreis 2006. Herausgeber der Anthologien *Schwerkraft*, Jung und Jung, Salzburg 2007, und *Neubuch*, yedermann, Riemerling b. München 2008. Zuletzt erschienen die beiden Gedichtbände *vereinzelt, Passanten*, kookbooks, 2004, und *Fragmentierte Gewässer*, Berlin Verlag, Berlin 2007.
»Ihm gelingt es, den Rock 'n' Roll in die Lyrik wieder zurückzuholen.« (Klaus Sieblewski)
Rosenkranz für das Gefühl anlässlich des letzten neuen Rohöls; Nächte im Siegermedium; es ging um die Samariter der Nächte … © Ron Winkler

Inhaltsverzeichnis

Vorwort	7

Tom Schulz	Warum politische Gedichte?	9

I Helikopterquartett mit Vertriebenen-Arie 13

Björn Kuhligk	Die Liebe in Zeiten der EU	15
Daniel Falb	man erkannte den unterschied	16
Adrian Kasnitz	am bankomat	17
Gerald Fiebig	stellenbeschreibung	18
Ron Winkler	Rosenkranz für das Gefühl anlässlich des letzten neuen Rohöls	20
Björn Kuhligk	Helikopterquartett mit Vertriebenen-Arie	21
Florian Voß	Ode an die Freude gespielt von Lang Lang	22
Stefan Schmitzer	(telekom 1: zauberkreis)	23
Markus Roloff	split ecke ausfallstraße	24
Angela Sanmann	berlin schönefeld	24
René Hamann	die nächste nacht	25
Franzobel	Die Türme des Schweigens, Yazd	26
Achim Wagner	des feux de position	28
Björn Kuhligk	Während des Freitagsgebetes	34
Tom Schulz	Insellogos	35
Gerald Fiebig	patentpilze	36
Daniel Falb	wir gaben einige der gebäude	38
Ann Cotton	S+M 2	39
Karin Fellner	schrecklichschön das erkennen	39
Björn Kuhligk	Der schöne 38. September	40
Franzobel	Gehen Sie wählen?	40

II Das Ende der Arbeit .... 4?

Stan Lafleur	tauben	43
Tom Schulz	Abends, im Lidl	44
Gerald Fiebig	nach der industrie	46
René Hamann	das ende der arbeit	50
Stan Lafleur	hartz IV-lied	51
Gerald Fiebig	post-industrial	52
Adrian Kasnitz	Jenseits der Immobilien	53
Stefan Schmitzer	am bahndamm	54
Tom Schulz	die Reinschrift zur peinlichen Berührung	55
Tom Bresemann	stellt angestellte aus	56
Karin Fellner	ausverkauf bong bong	57
Stan Lafleur	selbstporträt als werner wiese	58
Björn Kuhligk	Vollkontakt	59
Tom Bresemann	in den kellern neuköllns	60
René Hamann	die beste zukunft aller zeiten	61
Gerald Fiebig	ein anderes leben	63
Simone Hirth	Diese eine Zitrone	64

III   Waten im Verdachtsgelände 65

Stefan Schmitzer	**herz der finsternis**	67
Stan Lafleur	**moewen**	68
Markus Roloff	**waten im verdachtsgelände**	68
Daniel Falb	**foyers oder lobbys**	69
Angela Sanmann	**haus ohne einheit**	70
Markus Roloff	**mein gleiwitz**	71
Thomas Kunst	**Die jungen Bücher auf den deutschen**	
	Messen	71
Florian Voß	**Alpdruck**	72
Norbert Lange	**Ode an die Freude**	72
Franzobel	**Deutschland marschiert**	74
Sabine Scho	**hot magenta**	74
Markus Roloff	**zu hause hoch zwei**	75
Daniel Falb	**das wollte ich nicht**	76
René Hamann	**neue buckower elegie**	77
Marcel Beyer	**Fell**	78
Karin Fellner	**schon bin ich eine alte frau**	82
Thomas Kunst	**Ich will Gedichte, die das Land einengen**	83
Florian Voß	**Volkslied**	83
Tom Schulz	**Weimar Blues**	84
Angela Sanmann	**hütten, paläste**	86

IV   Sprachwohnwagen, Richtung Nürburgring 87

Marcel Beyer	**Ich muß**	89
Norbert Lange	**Suchbild, die deutsche Terrasse**	90
Guy Helminger	**Zu Besuch**	91
Simone Hirth	**Gustav**	95
Marcel Beyer	**Timide, timide**	96
Norbert Lange	**Deutsche Terrasse (Suchbild 2)**	97
Monika Rinck	**was machen die frauen am sonntag?**	98
Sabine Scho	**best friends**	100
Ron Winkler	**Nächte im Siegermedium**	101
Monika Rinck	**was ist mit den tieren?**	102
Björn Kuhligk	**Aus dem Funkloch**	102
Norbert Lange	**Suchbild 3 (Studioversion)**	103
Sabine Scho	**atomic tangerine**	104
René Hamann	**wir sind doch kein jurassic park**	105
Guy Helminger	**Lichter**	106
Thomas Kunst	**Wie Heidelberg dahinten artig glitzert**	108
Stefan Schmitzer	**so ein pfaffen-stream. & kommentar debord.** . . .	109
Monika Rinck	**die, die alles hat**	113
Ann Cotton	**Das Maß der Verscheißerung (J.J.)**	114
Monika Rinck	**wem das auge tränt**	116
Ron Winkler	**es ging um die Samariter der Nächte**	117
Daniel Falb	**geodätische kuppeln**	119
Simone Hirth	**Grüne Gespräche**	120

Nachwort 121

Theresa Klesper   **Das Gedicht im vorpolitischen Raum** 123

Biografien, letzte Veröffentlichungen,
Urheberrechte 127

143

Der Herausgeber dankt für Anregungen, Hilfe und Kritik:
Björn Kuhligk, Florian Legner, Moritz Kienast, Enno Stahl,
Gerald Fiebig, Dennis Fuchs und Theresa Klesper.
Den Verlagen *Berlin Verlag, Edition Rugerup, gutleut verlag, kookbooks,
Krash Neue Edition, Lyrikedition 2000, Skarabäus, yedermann* und
Zsolnay für die freundliche Genehmigung zum Abdruck der
jeweiligen Gedichte.

no animal was harmed by making this anthology